자멸의 나날

천필립 작품집

목차

악마의 날개

내가 죽어간다는 소식을 듣더라도, 찾아오지 마시오.

나는 철학적 명상 속에서, 혼자 죽고 싶소.

마지막 그 순간에, 땅과 물과 바람과 하나가 되고
나를 둘러싼 이 모든 것들이 사실은,
철저하게 '원인과 결과'라는 규칙에 따르는 단 하나의 존

재라는

곧, 이 모든 것들이 사실은 나 자신이며, 나는 실제로 이 모든 것들과 더불어 하나의 존재라는

그러한 인식 속에서 죽어가고 싶소. 땅과 물과 바람과 하나가 되고

그런데 정신집중을 방해하는 것은, 벌레도 아니고 말 못하는 짐승도 아니오.
(나는 그들과는 하나가 될 수 있소)

정신집중을 방해하는 것은, 쓸데없는 말을 늘어놓는 인간들이오.

"기분은 좀 어떻습니까?"

나로서는 전혀 알고 싶지도 않은 그런 것들을 나에게 물어대며 집중을 방해하면,

내가 얼마나 괴롭겠소?
(아아! 죽는 그 순간까지, 정말 끝까지)

"수고하셨소"도 필요 없고 "안녕히"도 필요 없소.

"지켜보는 이 하나 없는 방에서 홀로 외롭게 죽어갔다"라는,

그 말이 도대체 무슨 뜻인지, 도대체 어떤 심리적 배경에서 나온 말인지

이제는 궁금하지도 않소. 그러니,

내가 죽어간다는 소식을 듣더라도 찾아오지 마시고,
나 혼자 명상 속에서 죽어갈 수 있도록 (땅과 물과 바람과 하나가 되든 말든)

내버려 두시오.

▼

시체 앞에서 숙연해지는 것은,
그 시체에서 자기 자신의 죽은 모습을 보기 때문이오.

자기 자신도 실제로 그렇게 될 수 있다는 사실을 갑자기 깨닫고는,

돈만 있으면 영원히 사는 줄로 아는,
그 가소로운 기고만장이 깨지는 것이오.

시체가 두 구 이상 나란히 놓여 있을 때, 시체와 자기 자신을 동일시하는 정도가 급격히 줄어드는 이유는,

자기 자신이 두 개 이상이 아니라는 사실을 누구나 잘 알고 있기 때문이오.

시체의 수가 많아지면 많아질수록 자신과 동일시하는 감정은 더 줄고, 끝내는 물건 보듯 하게 되오.

사망자 천 명은, 그저 숫자일 뿐이오. 자기 자신은 천 개가 아니기 때문이라오.

마찬가지로, 시체를 너무 자주 봐도, 시체를 자신과 동일시하는 감정이 감소하기 마련이오.

자신이 그렇게 계속해서 죽을 것이라고는 생각할 수가 없기 때문이오.

아시겠소?

누군가가 시체를 보고 숙연해진다면, 그것은 자기 자신의 모습을 보기 때문인 것이오.

그래도, 만약
'너는 지금 이렇게 죽어가지만, 나는 아직 이렇게 살아 있다'는, 그런 기쁨과 안도를 얻기 위해 찾아온다면,

그것은 차라리 괜찮소. 그 정도는 내가 적선할 마음이 있소.

"다음은 네 차례다"라는 김새는 말도 절대로 안 하고, 기꺼이 적선하겠소.

그러나,

죽어가는 인간에게서 지 꼬락서니를 보고 새삼 숙연해지는 인간한테, 매질을 할 수도 없는 노릇이오.

남의 마지막 철학적 명상을 방해하면서까지,
옆에서 굳이, 굳이, 그런 짓거리를 해야 하는 이유라는 게 있소?

내가 죽어간다는 소식을 들더라도,
자기 볼 일이나 보시고,

나도 내 볼 일이나 보면서 죽어갈 수 있도록 (땅과 물과 바람과 하나가 되든 말든)

내버려 두시오.

▼

내가 죽어간다는 소식을 들더라도, 제발 찾아오지 마시오.
<악마의 날개>는 쉽게 나타나는 것이 아니오......

<악마의 날개>를 제대로 본 것은, 내 평생 단 한 번뿐이었소.

그곳에서는 노파(老婆) 하나가 죽어가고 있었고, 그곳에 <악마의 날개>가 나타났었소.

그 노파가 불러들인 것이오.

자신이 살아 있을 때, 사람들은 대개,

남들은 죽어도 자신만은 영원히 살아갈 것이라고 믿는 법이오.

사람들은, 움직이며 살아가는 동안에는, 자신의 죽음을 실감할 수 없소. 아무리 늙어도 실감할 수 없고, 심지어는 불치의 병에 걸렸다는 사실을 알게 되어도, 움직이며 살아 있는 동안에는, 자신이 죽는다는 사실을 결코 실감하지 못하는 법이오.

그럼에도 불구하고, 자신이 죽는다는 사실을 실감하는 상황이 결국에는 찾아온다오.

다가오는 죽음을 실감하려면 무엇보다도 우선, 몸을 움직일 수 없는 상태가 되어야 하오.

설령 아무리 늙었다 해도, 설령 불치의 병이 확실하다 해도, 몸을 움직일 수만 있다면, 그 사람은 자신이 죽을 것이라는 사실을 여전히 실감하지 못하는 법이오.

그러나, 매일매일 조금씩 거동이 불편해지다가, 끝내는 거동이 완전히 불가능하게 되고, 결국에는 누워 있을 수밖에 없게 되고, 계속 누워 움직이지 못하는 상태가 되고, 낮이고 밤이고, 가는 날도 오는 날도, 그렇게 누워만 있게 되면, 그제야 비로소 실감하게 된다오...... 자신이 진짜로 죽기는 죽는 건가

보다 하고 말이오.

그러면 이때부터는 생각이 완전히 반대로 바뀌는 법이오.

살아 있을 때는,
남들은 다 죽어도 자신만은 영원히 살 것이라고 생각했던 사람이,
자신의 죽음을 실감하게 되면,
이번에는, 남들은 다 살아 있는데 자기 혼자만 죽는다고 생각하게 된다오.
심지어는 자기 자신만 불쌍하다고 눈물까지 짜면서 말이오.

그리고 여기서부터가 진짜 시작인 것이오.

남들은 죽어도 자기만은 영원히 살아갈 것이라고 믿었던 것만큼 그렇게 강하게,
이제는,
남들은 다 살아 있는데 자기만이 혼자 죽는다고 믿고는,
살아 있는 사람들에 대한 엄청난 질투심을 일으키기도 한다오...... 그 노파는 실로 <악마의 날개>를 불러들였던 것이오.
자신만이 죽는다고 믿어 마지않고,

억울하다고 흐느끼면서,

주변 사람들을 포함한 모든 사람들을 저주하고,
자신이 죽어야 한다면, 다른 모든 사람들도 다 같이 죽여 달라고 말이오.

아아! 그것은 참으로 굉장한 광경이었소.

어느 새인가 모르게 그 자리에는 기계향(機械香)이 퍼지고, 숨이 넘어가면서도 악착같이 내뱉는 노파의 저주에 압도당한 나는,

모두 죽여 달라고 울부짖으며 애원하는 노파의 표정에 압도당한 나는,

<악마의 날개>를 보았소.

누워 움직일 수 없는 노파가 자신의 힘으로는 결코 할 수 없는 일을 대신 하기 위해 날아오는,

살아 있는 모든 사람들을 죽이고 세상을 멸망시키기 위해 사방에서 날아오는,

<악마의 날개>를 말이오!

세상이 곧 멸망할 것 같은 광경보다 더 굉장한 뭔가를 알고 있소?

그 이후로도 나는 죽어가는 사람들을 더 보았지만, 그만한

광경은 다시 보지 못했소.

그들은 조용히 마지막 절망에 빠져 있든가, 격심한 통증으로 의식이 들어왔다 나갔다 하는 것을 반복하든가, 그리고 대부분은, 자신이 죽어가고 있다는 사실을 듣고 찾아온 사람들의 눈치를 보고 있었소......

이제 내가 죽을 차례이고, 이것이 마지막 기회이오.
그리고, 이 마지막 기회를 방해받을 수는 없소.

현자(賢者)들은, 사람은 혼자 살 수 없고 혼자 할 수 있는 일이라고는 죽는 일밖에 없다고 말해왔소.

그런데, 그나마 이 마지막 기회마저 방해받으면, 그것은 정말로 끔찍한 일이 될 것이오.

그것은 나에게는 정말로 끔찍한 불행이 될 것이오.

그러니,
내가 죽어간다는 소식을 듣더라도,
제발 찾아오지 마시오.

▼

내가 죽어간다는 소식을 듣더라도, 찾아오지 마시오.

나는 철학적 명상 속에서 홀로 죽고 싶소.

그 마지막 순간에 땅과 물과 바람과 하나가 되고,

나를 둘러싼 이 모든 것들이 사실은,

철저하게 '원인과 결과'라는 규칙에 따르는 단 하나의 존재라는,

이 모든 것들이 사실은 나 자신이며, 나는 실제로 이 모든 것들과 더불어 단 하나의 존재라는,

그러니 삶도 죽음도 겉모습일 뿐이고, 모든 것이 시작도 끝도 없이, 그냥 그렇게 존재한다는,

심지어, 모든 것이 영원한들 그렇지 않다 한들, 이제는 아무래도 상관없다는,

그러한 인식 속에서 죽어가고 싶소. 그러니,

내가 땅과 물과 바람과 하나가 되든 말든,

그냥 내버려 두시오.

저승달

보았다 저승달이
사람 말려 죽이는 것을
50년 넘게 산 지옴도마저
흐느껴 울더라……

점술사(占術師) 지옴도와 두 제자들이 기거하게 되어 있는 거처,

그곳에 찾아온,
이마에 관골(官骨)이 뚜렷한 남자가 묻는다.

"나의 앞날은 어떨 것 같소, 술사 선생?"

남자를 빤히 쳐다보던 술사, 이에 답하길

"일신(一身)의 안위만 걱정하다가...... 끝내는 죽을 것 같소만."

보았다 저승달이 사람 말려 죽이는 것을

희미하게 웃고만 있는 감찰관(監察官)이 계속 말이 없자, '쓸데없이 사람 기다리게 하지 말라'는 투로 술사가 내뱉는다.

"안 죽는 사람 본 적 있소?"

50년 넘게 산 지옴도마저 흐느껴 울더라

감찰관의 빛나는 견장(肩章) 뒤, 태양의 음광(陰光) 아래, 수사관의 견장 하나, 병사의 견장 둘, 그리고 칼 두 자루, 그리고 창 두 자루, 그리고, 그리고
점술사의 눈빛은 꺼진 불과 같고
점술사의 말투는 꺼진 불과 같고

"이게 다 어인 일이오?"

그러자, 일신의 안위만을 걱정하다가 끝내는 죽어 버릴 것이라는 감찰관이 엄지손가락으로 뒤쪽을 가리키며 답하길,

"수사관은 당신의 제자들이 지금 어디에 있는 지 궁금해하고 있는 것 같소만, 그건 어쨌든 내 일은 아니고, 나는 감찰청 고문(顧問)인 당신이 어째서 감찰청의 호출에 응하지 않았는지 알아보러 왔소."

"......지옴도와 제자들은 여행길에 올랐소."

술사의 대답에 활짝 웃으며 노려보는 감찰관

"이 보시오, 지옴도 선생! 당신은 나의 얼굴을 기억 못할지도 모르지만, 나는 감찰청 고문 지옴도 선생의 얼굴을 몇 번이나 보았고, 아주 잘 기억하고 있소...... 지금에 다시 뵈니, 갑자기 노쇠한 듯 보이기는 하오만...... 다시 묻건대, 호출에 불응한 이유는 무엇이오?"

"지옴도는 제자들과 길을 떠났다고 했잖소."

웃으며 노려보는 감찰관

"......그럼, 당신은 대체 뉘시오?"

"......모르겠소."

보았다 저승달이 사람 말려 죽이는 것을

감찰관은 여전히 웃음을 띤 채, 점술사를 노려본 채,
고개를 좌우로 젓는다. 태양의 음광 아래
수사관과 두 병사는 여전히 표정이 없고,
두 눈의 초점이 고정되지 않는 술사는 더 이상 말이 없고

"지옴도 선생! 이러면 어떻겠소. 나나 저 사람들이나 일을 끝내지 않으면 돌아갈 수 없고, 그러면 당신도 안위를 찾을 수 없을 테니...... 안으로 들어가서, 무슨 일이 있었는지 얘기를 들어 봅시다."

감찰관은 술사의 대꾸를 들을 생각도 없이 앞장서고, 수사관과 병사들은 술사를 몰듯 하면서 뒤따른다.

그들의 머리 위를 날아가는 검은 새는 울지도 않고, 머물지도 않고, 뒤돌아보지도 않고...... 먼저 자리에 앉은 감찰관은, 술사가 자리에 앉는 것을 보고, 다시 말을 꺼낸다.

"점술사 댁 제자들의 모습이 어느 날부터 전혀 보이지 않고, 점술사의 행동이 아주 이상하다는 신고가 있었소......

당연한 얘기지만, 겨우 그런 신고에 의해 수사관을 파견할 리는 없소. 그리고 당신이 절차대로 감찰청의 호출에 응했더라면, 그런 신고가 있었다는 사실 따위는 아무도 언급조차 하지 않았을 것이오.

그런데 이제, 당신도 아시다시피, 일이 이렇게 되었소......

수사관은 여기서 실종자들의 흔적을 찾을 것이고, 나는 감찰청 고문 점술사가 호출에 불응한 이유에 관해, 보고할 만한 설명을 들어야겠소.

우리 일이 끝나기 전에는, 당신에게 안위는 없소...... 자, 지옴도 선생! 대체 무슨 일이 있었던 것이오?"

"......저승달이 떴었소."

50년 넘게 산 지옴도마저 흐느껴 울더라

"어느 날이라고밖에는 기억할 수 없는 어느 날, 한 부인이 시자(侍者) 하나와 시녀(侍女) 하나를 거느리고 이곳에 찾아왔었소.

자기 집안의 누군가가 이러저러한 갈림길에 놓여 있는데, 궁리해 봐도 어찌할 바를 알 수 없어, 조언을 듣고자 한다 했소……

자야는…… 지옹도 자야는 이미 그런 상황에 익숙한 터라, 부인의 무지함에 새삼 놀라거나 하지 않고, 아이를 타이르듯 차근차근 설명을 했소.

'무엇을 어떻게 해야 하는가'를 판단하기 위해 먼저 해결해야 하는 문제는 '누가'이고, 즉 행동할 사람의 성향을 먼저 파악해야 하는 것이다.

우선 당사자의 성향이 충분히 파악되어야만, 그 다음에 비로소, 그 사람에게 가장 적절한 길이 무엇인지를 판단할 수 있는 것이다.

그런데, 사람 성향의 윤곽을 그리는 데에 가장 큰 틀은 성상(聲相), 즉 목소리이다.

그러나 이것은, 구분이 가장 쉽다고 알려지는 악인(惡人), 범죄자, 사기꾼의 목소리조차 구분 못하는, 일반인들을 통해 전달될 수 있는 것이 아니다.

두 번째로 큰 틀은 체상(體相), 즉 몸이다.

그러나 이 역시, 계절 변화에 따른 자기 몸의 신진대사 변화는 고사하고, 심지어 손으로 만져만 봐도 알 수 있는 내열(內熱)과 외열(外熱) 차이조차 감지하지 못하는, 그런 일반인들을 통해 전해질 수 있는 것이 아니다. 일반인들이란, 비뇨기 항진이나 신열(腎熱) 과다로 인해 계속되는 '불안'에, 난데없이 철학적 설명을 들이대는 법이니……

그 다음 틀이 면상(面相), 즉 얼굴인데, 마찬가지로 '귀의 모양이 이러쿵저러쿵, 코가 어쨌네저쨌네' 하면서, 얼굴을 쳐다보며 눈, 코, 귀 얘기를 할 뿐더러, '밭을 흐르는 물줄기'를 말하면 농사(農事) 얘기인 줄로만 아는 것이 또 일반인들이다.

요컨대 지옴도는, 조언을 필요로 하는 당사자가 직접 와야만 한다는 사실을 부인에게 납득시키려 했었소.

그리고 계속해서, 성향을 파악하려면 당사자가 어떤 흐름을 타고 났는지도 고려해야 하기 때문에 정확한 탄생일 또한 알아야 하고, 또 그래야만 성향과 흐름에 맞지 않는 일을 시도함으로써 초래할 '비효율 내지 화(禍)'를 모면할 가능성을 어쩌고저쩌고...... 정보가 많으면 많을수록 성향과 흐름이 더 분명해지는 법이니 어쩌고저쩌고......

그런데, 그 즈음해서, 지옴도의 설명은 횡설수설에 가까운 것이 되어 있었소.

'자신은 이 지역에 사는 사람이 아니고, 가까이에 점술사가 있다 하기에 들려보았을 뿐, 당사자를 데려오기는 힘들겠다'는 부인의 말에,

지옴도는 대꾸조차 하지 않고,

눈은 이미 부인이 거느리고 온 시녀의 얼굴에 고정되어 있었소.

지옴도의 제자들 중에 영민한 자 또한 시녀의 얼굴만을 쳐다보고 있었고, 뭔가 기괴(奇怪)한 것을 보고 있는 듯한 표정이었소.

지옴도는 그때 깨달았소. 그 때, 그 자리에, 저승달이 떠 있었다는 사실을 말이오......"

고로, 저승달이 저승꽃을 비추면
저승길을 걷고 있음을 안다

"......자야는 ......지옴도는 고래(古來)의 문구(文句) 하나를 크게 오해하고 있었소.

점술(占術)이란, 무지한 자들로부터 돈을 뜯어내려는 저의(底意)를 갖지 않는 한, 신비로울 것이 하나도 없소.

점술 또한, 현상을 이해하려는 노력의 하나일 뿐이오.

이를테면, 별의 움직임을 자신의 보잘 것 없는 인생의 이해득실에 연관시키려는 사람들의 행동이 아무리 가소롭다 해도, 별의 움직임으로 측정되는 계절의 변이에 사람이라는 자연(自然) 또한 영향을 받는다는 사실을 부정할 수는 없는 법이오.

또 이를테면, 사람들이, 여자들이, 출생이, 달의 움직임으로 측정될 수 있는 자연의 변이에, 필경 영향을 받을 것이라는 말이오.

만약, 어떤 꽃의 탄생과 영위와 사멸이 계절의 흐름에 영향을 받는다면, 어찌 사람만은 예외라고 주장할 수 있겠소. 어찌 사람만은 자연이 아니라고 억지를 부릴 수가 있겠소...... 비록 그 모습이 아무리 추잡하다 할지라도 자연임에 틀림없고, 다른 모든 자연과 마찬가지임에 틀림없는 것이오.

그래서 선현(先賢)들은 해와 달과 별의 움직임을 관찰하였소. 천체의 움직임을 관찰하고 미래를 예측함으로써 농사에 도움을 주었소. 사람이라는 현상을 이해하고 그들에게 도움을 주기 위해, 해와 달과 별을 관찰하였소.

그런데, 선현들 중 몇몇은 달을 관찰하였고, 그들 중 누군가는 저승달을 보았던 것이오."

저승달이 저승꽃을 비추면
저승길을 걷고 있음을 안다

"누군가가 일반인이라면, 그는 파멸을 피하려 할 것이오. 그는 파멸에 저항하려 할 것이오.

그러나 달을 바라보았던 몇몇 사람들은 알고 있었소.

달이 내뿜는 아름다움이 파멸조차 긍정하게 만든다는 사실을 말이오.

달의 아름다움에 도취했던 사람들은 알 수 있었소.

그 퇴폐미(頹廢美)가, 파멸의 단순한 긍정을 넘어, 탐닉에까지 이르게 한다는 사실을 말이오.

누가 저승달을 얘기하기 시작했는지 모르지만, 그들은 이미 '저승달'을 보고 있었던 것이오.

모든 사람들의 유일하고도 확고한 단 하나의 미래를 잘 알고 있었던 점술사 지옴도는 짐작을 할 수 있었소.

저승에 떠서 저승길을 비춘다는 저승달이, 알고 보니, 바로 이승에 떠 있는 그 달이라는 사실 말이오......

이승이 저승과 다르지 않다는 사실을 깨닫고 있던 지옴도는 알고 있었소.

우리가 사실은 이미 저승길을 걷고 있다는 사실 말이오.

그리고 지옴도는 언제나 보고 있었소.

지금도 저 밖을 걸어 다니고 있는 시체들을 말이오. 함께 저승길을 걷고 있는, 우리의 길동무들을 말이오......"

저승달이 저승꽃을 비추면 안다
우리가 저승길을 걷고 있음을

"그러나, 이 방에, 바로 이 방에 저승달이 떴을 때, 지옴도는 자신이 고래의 문구를 크게 오해하고 있었다는 사실을 처음으로 깨달았소......

알고 보면, 간단한 사실이오.

'불같은 사람'이라고 점술사가 말할 때,

그것은 그 사람의 성향이나 행동에 '불'이라는 현상과 유사한 점이 있기에, 그렇게 비유하는 것이오.

대부분의 사람들은 '불'을 연상시키는 성질을 어느 정도는 가지고 있소. '큰 불' 혹은 '작은 불'로 비유하듯, 그 정도는 다 다르지만 말이오.

'고이는 물', '흐르는 물', '빨아들이는 큰 나무', '이슬을 맺는 작은 쇠' 등등, 그런 요소들은,

신비로운 곳을 운행하는 신비로운 기운 따위가 아니라,
누구나가 다 알기 쉬운 비유일 뿐인 것이오.

이를테면, 주변에 불길을 지속시킬 나무도 없고 불길을 제지할 물도 갖지 않은 '극도로 크고 강한 불'이 주변을 순식간에 태우고 끝나 버리듯,

만사에 '화'만 내거나 혹은 불처럼 응집력(凝集力) 없이 흩어지는 짓만 계속 해대는 사람 주변에는,

아무도, 아무것도, 남아나지 않을 것이라는 말이오......

그런데, 점술사는 이 방에서 '저승달'을 보았던 것이오."

저승달이 저승꽃을 비추면 안다
우리가 저승길을 걷고 있음을

"사실은, 저승달이 뜨든 이승달이 지든, 달라질 것은 아무

것도 없소. 여전히 해가 뜨고 달이 지고, 살아 있는 것들이 죽어갈 뿐이오. 아아! 오직 그럴 뿐이오......

아시겠소?

지옴도가 저승달을 쫓아가지 않을 이유 따위는 애당초 없었던 것이오.

도대체 무엇 때문에, 점술사가 저승달의 아름다움에 저항하겠소? 도대체 무엇 때문에? 도대체 무엇을 위해?

아아! 마치 불빛에 홀린 벌레들처럼, 지옴도는 제자들을 데리고 그 시녀를 쫓아갔소.

마치 물이 아래로만 흐르듯, 지옴도와 제자들은 저승달을 쫓아가 버린 것이오."

저승달이 저승길을 비추면 안다
저승꽃은 우리 얼굴에 핀다는 것을

술사가 더 이상 말이 없자, 감찰관은 술사를 새삼 노려본다.

"......그리고는 어떻게 되었소?"

"......뭐가 어떻게 되었냐는 말이오?"

"그 저승달을 쫓아갔다는 사람들 말이오. 저승달을 쫓아갔고, 그 다음에 무슨 일이 있었소?"

"그것을 내가 어찌 알겠소? 그들은 저승달을 쫓아서, 가버린 것이오......"

술사는 더 이상 말이 없고, 감찰관은 얼굴에 웃음을 띠우고, 술사는 여전히 말이 없고, 감찰관은 웃는 얼굴로 술사를 노려본다.

"지옴도 선생! 당신을 집행방해죄로 감찰청으로 연행해 봐야, 서로 골치만 아프지 않겠소?
그러니 마지막으로 묻겠소...... 당신의 제자들은 지금 어디에 있소?"

"......지옴도와 제자들은 저승달을 쫓아갔소."

술사의 대답에 감찰관은 고개를 가로로 저으며 웃고는 수사관에게 눈짓을 하고, 수사관은 병사들에게 눈짓을 하고, 병사들은 술사의 양 팔을 잡고 일으켜 세운다.

"이것 좀 보시오, 흐흐흐흐! 하긴, 어차피 우리 모두가 처음부터, 저승길의 길동무들 아니겠소? 흐흐흐흐!"

이제,
태양의 음광 아래 감찰관, 수사관, 병사 둘, 그리고 점술사,
그들의 머리 위로 날아가는 검은 새는 울지도 않고, 머물지도 않고, 뒤돌아보지도 않고,
술사의 얼굴을 유심히 쳐다보던 감찰관이 묻는다.

"당신 말대로, 지옴도 선생이 저승달을 좇아가 버렸다면...... 그럼, 당신은 누구시오?"

"......모르겠소.
......별로 알고 싶지도 않소."

보았다 저승달이
사람 말려 죽이는 것을
50년 넘게 산 지옴도마저
흐느껴 울더라......

나는 도끼병(兵)이다

나는 도끼병이다
나는 순장(盾裝)에 충돌(衝突)하는 도끼병이다
갑주(甲胄)에 분영(噴影)하는 도끼병이다
나는 도끼병이다

나는 도끼병이다
나는 뇌리(腦裏)에 섬약(閃躍)하는 도끼병이다

흉몽(凶夢)에 창궐(猖獗)하는 도끼병이다
나는 도끼병이다

나는 도끼병이다
나는 생명(生命)에 쇄도(殺到)하는 도끼병이다
혈야(血野)에 혼멸(混滅)하는 도끼병이다
나는 도끼병이다

백인대(百人隊)! 백인대! 깃발 아래 집합하라!

이제부터, 만인장(萬人長) 명(命)의 훈시(訓示)가 있을 테니, 집중해서 경청하라!

오늘 낮의 전투에서, 너희들의 백인장(百人長)이 전사하였다. 그러나, 너희들도 보았듯이, 그것은 비록 용감한 행동을 가장한 것이었지만, 사실은 무모한 행동이었고, 그것은 백인장의 자살 의도가 분명했다.

백인장 대리 십인장 이새발의 훌륭한 통솔로 백인대가 혼란을 벗어나기까지의 그 짧은 시간 동안, 몇 명의 도끼병들이 잃지 않아도 될 목숨을 잃었는가! 이것이 도대체 웬 수치냐는 말이다.

이 모든 것을, 만인장께서도 알고 계신다. 더욱이, 너희들이 너희들의 손으로 뽑은 백인장의 죽음이 부당한 것이라 믿고 있고, 그 불만을 지금 만인장에게 돌리고 있다는 사실 또한, 만인장께서는 알고 계신다.

어째서 용감한 전사(戰士)에게 수치를 주어, 그를 자살로 몰고 갔느냐고 묻고 싶은가? 그렇다면, 여기에 대답이 있다. 너희들의 백인장이 당시에 만약 천인장이었다면, 그는 즉시 사형에 처해졌을 것이라고 말이다. 천인장들에게 적용되는 처벌은 백인장들에게 적용되지 않으며, 백인장들에게 적용되는 처벌은, 십인장 이하 너희들에게 적용되지 않는 법이다.

집중해서 경청하라! 이것은 훈시이다!

이제 곧, 너희들을 이끌 새로운 백인장을 추천하라는 명령이 내려올 것이다. 이에 만인장께서는, 너희들이 잘 생각해보라는 의미로, 죽은 백인장에 대한 조치과정을 친히 설명해 주셨다.

그러니 집중해서 경청하고, 추천을 하게 될 자들은 어떤 지휘관을 추천해야 하는지를 심사숙고해야 할 것이고, 추천을 받은 자는 자신이 과연 백 명의 도끼병들을 지휘할 충분한 역량이 있는지를 새삼 스스로에게 물어 보아야 할 것이다.

처음에, 백인장의 셋째 처(妻)가 외간 남자를 집으로 끌어들였다가, 백인장에게 발각되었다. 그런데, 백인장은 그 남자를 놓치고 말았다.

남자는 끝내 도주해 버렸고, 백인장은 그 처와, 그 사이에 낳은 두 살 여식(女息)을 처리하였다.

물론, 도둑질은 얼마든지 있을 수 있는 일이라고 생각할 것이다. 새삼스럽게, 도둑질이 문제가 될 수는 없었다.

백인장의 셋째 처는 외간 남자의 씨를 품고는 백인장의 씨앗인 것처럼 속여, 백인장의 식량으로 키우려 했기 때문에 도둑질을 한 셈이고, 그래서 목숨으로 대가를 치렀다. 그 사이에 난 여식은, 어미가 한 짓 때문에, 백인장의 씨앗이 아닐 의심이 있어서 처리되었다. 도둑의 씨앗을 먹이기 위해 자신의 목숨을 걸고 싸울 자가 어디 있겠는가.

이런 처리 과정에 문제는 없었지만, 그러나 당시에 천인장이셨던 지금의 만인장께서는, 넘겨 버릴 수 없는 점을 알아차리셨다.

당연히 죽어 있어야 했을, 그 외간 남자의 시체는 어디에 있느냐고 물으셨다.

백인장은 그를 놓쳐 버렸다고 대답하였다.

만인장께서는 그 대답에 도저히 수긍하실 수가 없었다. 도대체 무슨 일이 있었던 것이기에, 눈앞에 누워 있던 도둑을 놓쳐 버릴 수가 있다는 말인가.

백인장은 도둑이 이래저래 해서 도망쳤다고는 대답했지만, 그것은 횡설수설로밖에는 보이지 않았다.

만인장께서는, 혹시 백인장이 암습을 당한 것은 아닌가 하고 물으셨지만, 백인장은 생각지도 못했던 질문에 당황해하며 변명을 궁리해 내려 하고 있는 눈치가 분명했다.

만인장께서는 끝내 납득하실 수가 없었다.

만인장께서 보시기에, 백인장은 도둑놈들의 행동에 당황했고, 누워 있던 도둑이 도망칠 수 있었을 정도로 당황했고, 그 시간 동안 백인장은 판단을 하지 못했고, 그러므로 어떠한 행동도 취하지 못했던 것으로 보였다.

만인장께서는 이내 더 큰 문제를 알아차리셨다.

바로, 눈앞에 있던 도둑이 도망쳐 버렸다는 사실이었다.

누구인지도 모를 도둑 하나가, 도끼병 백인장의 눈앞에서 그의 처를 도둑질을 하고도, 그대로 무사히 도망쳐 버렸던 것이다.

그 도둑은 이제, 어디론가 도망가서, 언젠가는 남들에게 자랑스럽게 떠들어댈 지도 모른다.

높은 땅 도끼병 백인장의 처를 도둑질했다가 눈앞에서 발각되었지만, 도끼병 백인장이 당황하는 사이에 도망쳤기 때문에, 아무 일도 없었노라고.

백인장은 그 전례(前例)를 만들어 버린 것이다.

이것은 공포와 악명(惡名)을 무기로 하는 도끼병들에게 있어서, 보통 문제가 아니었다.

이제 아무도 도끼병을 두려워하지 않을 지도 모른다. 왜냐하면, 도끼병이란 자기 처를 도둑질당하는 것을 보고도 당황해서 놓쳐 버리는 놈들이기 때문이다.

적들은 이제, 도끼병들이 정렬해 있는 모습만 보고도 겁에 질려 도망치거나 하지는 않을 지도 모른다.

이제 더 이상은, 도끼병들이 돌격해 들어온다는 사실만으로 그리도 쉽사리 적의 진형이 무너지거나 하지 않을 지도 모른다.

이것은 역으로 도끼병 전투력의 효율 저하(低下)를 의미하고, 그것은 결국, 더 많은 도끼병 전사자 수를 의미한다.

너희들의 백인장이 그 전례를 만들어 버린 것이다. 일개 부대원도 아닌 백인대 지휘관이 말이다.

당시에 천인장이셨던 지금의 만인장께서는, 백인장의 처리를 놓고 상당히 고민하셨다.

만약 백인장이 당시에 천인장이었다면, 즉시 목을 잘라, 낮은 땅으로 던져 버렸을 것이라고 하셨다. 그러나, 천인장들에게 적용되는 처벌을 백인장에게 적용시키면 질서가 깨지게 되기 때문에, 고민을 하셨던 것이다.

백인장의 죄는, 백인장을 사형시킬 만한 죄의 목록에 들어있지 않았다. 그렇지만, 그렇다고는 해도, 죄의 심각성을 생각하면, 매질만으로 끝낼 수도 없는 일이었다.

그래서 만인장께서는 고민 끝에, 백인장을 옥(獄)의 간수로 명하셨던 것이다.

일반 병사도 아닌 도끼병에게, 그것도 백인대의 지휘관에게, 전투에 부적격한 자들이나 하는 간수 일을 명하셨던 것이, 그에게 수치(羞恥)를 주기 위해서였음은 말할 것도 없다.

다른 도끼병들에게 수치를 주었으니, 그 대가를 수치로 치르게 하신 것이다.

그 다음은 너희들도 잘 보았을 것이다.

너희들의 백인장은 전투에 나와서는 누구보다도 용감하게 싸웠다. 필경, 그 간의 치욕을 만회하기 위해서였을 것이다.

그리고 만인장께서도 그 모습을 보고 계셨다.

나는 도끼병이다
나는 순장(盾裝)에 충돌(衝突)하는 도끼병이다
갑주(甲胄)에 분영(噴影)하는 도끼병이다
나는 도끼병이다

나는 도끼병이다
나는 생명(生命)에 쇄도(殺到)하는 도끼병이다
혈야(血野)에 혼멸(混滅)하는 도끼병이다
나는 도끼병이다

그런데 말이다.

오늘 아침 퇴각 때 무슨 일이 벌어졌는지, 너희들은 아직 알지 못할 것이다. 바로 전투가 시작되었으니 말이다.

총사령관께서는, 더 이상 인질들의 몸값을 받아내지 못할 것이라 판단하셨고, 그에, 퇴각 신호와 함께 인질을 전부 처리하라는 명령을 내리셨다.

몸값도 내지 않은 인질이 단 한 명이라도 무사히 돌아온다는 사실을 만약 적들이 알게 된다면, 그 다음은 어떻게 될 것인가?

적들은 몸값 지불을 망설일 것이다. 혹은, 몸값 지불을 지연시킬 수도 있다.

그것이 무엇을 의미하는 지는, 너희들도 잘 알 것이다.

너희들의 처자식들이 제일 먼저 굶어 죽게 된다는 것을 의미한다. 안 그런가?

오늘 아침, 퇴각 뒤처리를 담당하고 계셨던 천인장 두 분께서 공히 보셨다.

인질을 전부 처리하라는 총사령관의 명령이 내려졌음에도 불구하고, 옥사(獄舍) 바깥에서 서너 살짜리 계집아이를 한 팔에 안고 우왕좌왕하고 있던, 너희들의 백인장을 말이다.

그리고는, 천인장 한 분과 눈을 마주치고 나서야 백인장은 비로소, 안고 있던 계집아이를 내려놓았고, 천인장께서 노려보시며 손가락을 들어 친히 그들을 가리키시고 난 다음에야, 그 계집아이를 처리하였던 것이다.

그것도 그나마 한참이나 머뭇거리면서, 도끼병의 신조(信條)를 입가에서 중얼거리면서 도끼를 들더라는 소리를 듣고, 그 소리를 듣고, 나는, 같은 백인장으로서, 수치심에 눈물이 다 나더라.

나는 도끼병이다
나는 생명(生命)에 쇄도(殺到)하는 도끼병이다
혈야(血野)에 혼멸(混滅)하는 도끼병이다
나는 도끼병이다

나는 도끼병이다
나는 뇌리(腦裏)에 섬약(閃躍)하는 도끼병이다
흉몽(凶夢)에 창궐(猖獗)하는 도끼병이다
나는 도끼병이다

지휘관은 말이다, 전투에서 아무리 용감한 전사라 해도, 그것으로 족한 것이 아니다.

일개 병사도 아니고, 지휘관이 판단을 그르치게 되면, 몇

명이 연쇄적으로 죽게 되어 버리는지, 짐작조차 할 수 없는 것이다.

이것은 훈시이다! 집중해서 경청하라!

이제 곧, 죽은 백인장을 대신할 자를 추천하라는 명령이 내려올 것이다.

그러니, 추천을 하게 될 자들도 추천을 받을 자도, 심사숙고해서 잘 판단하라.

판단을 그르치면, 너희들이 제일 먼저 죽게 되어 버릴 것이고, 다음으로 너희들의 처자식들이 연달아 굶어 죽게 되어 버릴 것이다.

어둠이 빛날 때

　어둠이 빛날 때
죽어 있던 나무가 꽃을 피우리. 그러면,
다시 살아날 수 없는 자(者) 그 꽃을 보고
“나 같은 것을 위한 세상이 아니야” 하고 깨닫고
스스로 혈관(血管)을 절개(切開)하고
“너무 추워” 하고 흐느끼고
뜨겁게 흐르는 물에

피를 풀리라.

바람이
시간의 편린(片鱗)을 잘라 와,
여기에 반복하노라. 오무주 마을의 구락노리가 이제
망설임 없이 손목의 혈관을 열어
온천(溫泉)에 피를 풀어, 마침내
죽었노라고.

구락노리, 시간의 편린을 잘라
여기에 반복하노니,
이렇게 추운 땅에 핀 꽃을 보고
경악하고
미친 듯이 분노하고
"나 같은 것을 위한 세상이 아니야" 하고 깨닫고
단칼에 손목을 갈라,
빛나더라.

오무주 마을의 구락노리
열여덟 살 반까지 높은 땅의 사냥꾼 무리에 섞여
그 속에서 노래를 불렀더라.
그 땅에 태어났던 모든 남자들이 그러했듯, 구락노리
훌륭한 사냥꾼이 될 것을 기대하였지만,

운명은 그에게
그런 길을 정해 놓지 않았던 것이리라.

바기똑 가수(歌手) 구락노리
사냥꾼의 오두막에서 노래를 불렀을 때
그 목소리 얼마나 비참(悲慘)하고 또 비참한지,
모든 사랑은 비참한 것이었고
얼음이 얼지 않는 날은 영원히 올 것 같지 않았더라.
사람들 기억 속의 그 어떤 한 조각도,
그 어떤 몇 조각도, 그의
바기똑 만큼이나 비참하지는 않았으리라.

노래 잘 하던 사냥꾼들 구락노리와 마주칠 때
"청(請)컨대, 애송이! 내가 부르는 바기똑에는 이제
이렇다 할 기분이 들지 않으니, 자네가,
자네가 한 곡 들려주게나."
그래서 구락노리 노래를 부르면
그 목울림 어찌나 비참하고도 비참한지,
모든 희망은 비참한 것이었고
얼음이 얼지 않는 날은 영원히 올 것 같지 않았더라.

열아홉 살 반 처음으로 낮은 땅에 내려가 보았던 구락노리

눈 대신 비가 내리는 광경과
금방이라도 터질 듯 싱싱한 과일을 보고 경탄했고,
높은 땅 사냥꾼들이 어째서 그곳을
'오루혼(낮은 땅)'이라 부르며 경멸해왔는지
알 수가 없었노라.

그러나 따뜻함을 모르고는 추위가 뭔지도 모르는 법이거늘,
보석(寶石)을 본 적이 없는 자 그것을 원할 수도 없는 법이거늘,
물이 땅으로 흐르게끔 되어 있듯
그 모든 것이 또한
운명이었으리.

스물세 살, 젊음은 시들기 시작했고
체열(體熱)이 빠져가기 시작했고, 그 해 겨울
뼛속까지 스며드는 추위를 알게 되었다면
그것 또한 운명이 아니고 무엇이란 말인가.

오물(汚物)이 흘러가는 곳이라 경멸해왔던
낮은 땅에 겨울 따위 없고, 게다가
노래를 부르고 돈을 받는 사람들이 있다는 사실을
구락노리 알게 되었고, 그것이 다

풍부한 곡식과 수많은 과일, 기름진 가축(家畜)들 덕분이었고,
그것 또한 운명이었으리라.

이듬해에 스물네 살
봄, 겨울, 겨울, 겨울
봄, 겨울, 겨울, 겨울
영웅들의 이야기와
영웅이 아닌 자들의 이야기로 추위를 견디던 구락노리
사냥꾼의 오두막을 뛰쳐나온 지 며칠 만에
낮은 땅의 술집을 전전하며 노래를 부르니
사람들 그 비참한 바기똑에 고개를 저으며
생각에 잠기며
중얼거리더라.
"높은 땅에서 부르는 노래라는군......"

구락노리 희망컨대,
더 이상 고통스러운 추위에 시달리지 않아도 된다면
사냥꾼을 버리고 가수로 살아가리,
더 이상 불안한 마비(痲痺)에 시달리지 않아도 된다면
높은 땅을 버리고 낮은 땅에 살아가리,
경계와 긴장과 인내에 시달리지 않아도 된다면
끝없이 차갑고 높다는 그 기상(氣相) 따위 버리고
따뜻한 안락 속에 살아가리.

봄, 봄, 봄, 가을
봄, 봄, 봄, 가을

스물네 살이 가고, 스물다섯 살도 가고
스물여섯,
높은 땅 오무주 마을 위 온천혈(溫泉穴) 앞을 흐르는
독한 향기를 퍼뜨리는 뜨거운 물에 짐승 가죽을 씻고 있는
노파와 손녀를 멀리서 바라보며
어린아이가 흥얼거리는 어설픈 바기똑 소리에
귀 기울이며 구락노리
"이렇게 추운 땅은, 사람이 살 수 있는 곳이 아니야"

스물여섯
높은 땅 오무주 마을 위 온천혈에서 한 발자국도
나가려 하지 않는 구락노리,
눈앞에 엄연히 살아 있는
어린아이였던 노파와 노파가 될 어린아이를
멀리서 바라보며
노파가 중얼거리는 힘없는 바기똑 소리에
귀 기울이며 말을 바꾸어
"이렇게 추운 땅은, 내가 살 수 있는 곳이 아니야"

과연 그런가

희망만 있다면, 노파조차도 견뎌내는 추위가 아니던가
희망이 없으니 추위는 고통이 되고,
고통은 피해야 할 것이 되어 버리지 않던가
희망은 어디에 두고
여기에서 이러고 있는가, 이 지독한 향기에
폐(肺)가 녹아 죽든가, 폐가 녹기 전에
굶어 죽든가, 뛰쳐나가
얼어 죽든가.

그러나 희망이라는 것이,
오물이 흘러가는 낮은 땅에서
거지로 살아가는 것은 아니었을 터......

사냥꾼의 바기똑
시간의 편린을 잘라, 여기에 반복하노라.
추위로 얼어오는 마비
마비로 인한 방심(放心) 그리고 착시(錯視)
쌓인 눈 때문에 모든 땅이 평평하게만 보였고, 추락(墜落).
허리가 부러진 사냥꾼은 걸을 수가 없었고
죽음의 시간.
추위와 두려움과 괴로움이 춤을 추고
끝없이 차갑고 높다는 사냥꾼의 기상과 춤을 추고
"이봐! 그 따위 노래밖에는 없나?"

스물여섯
온천혈에서 나가려 하지 않는 구락노리 생각건대,
풍요로운 땅에서 거지로 살아가는 것을 견딜 수 없다면
아마도, 다시
이 땅에서 사냥꾼으로 살아갈 희망을 품어야 하리.
고통스러운 추위와 불안한 마비와, 경계와 긴장과 인내와
끝없이 차갑고 높다는 그 기상을 운명이라 믿고,
바기똑과
바기똑에 귀 기울이는 사냥꾼들을 운명이라 믿고,
조금만 더
높은 땅에도 봄이 오고, 조금만 더
스물일곱이 되면,
봄, 겨울, 겨울, 겨울
봄, 겨울, 겨울, 겨울

온천혈에 웅크리고 앉아 구락노리
쥐려 해도 손가락 사이를 빠져나가는
마치 물과 같은 희망을
넋이 나간 듯 힘없이 휘저으며 구락노리.
어둠은 아무리 휘저어도 어둠인 법이거늘, 그런데
어둠이 빛나고,
경악한 눈에 보이는 것은

온천혈 앞에 죽어 있던 나무에서 피어난
꽃......
　봄, 겨울, 겨울, 겨울
봄, 겨울, 겨울, 겨울

　높은 땅의 바기똑 하나
시간의 편린을 잘라 와 여기에 반복하노라.
　오무주 마을의 구락노리가
높은 땅을 견디지 못하고
낮은 땅을 견디지 못하고
높은 땅의 기상도, 낮은 땅의 오욕(汚辱)도, 견디지 못하고
추위 속에서도 기어이 피어난
추위와 마비 속에서도 기어이 피어난
꽃을 보고,
자신이 살 수 있는 땅이 아님을 깨닫고,
망설임 없이 손목의 혈관을 열어
뜨거운 물에 피를 풀어
마침내 죽었노라고.

　높은 땅의 바기똑 하나
시간의 편린을 잘라 와,
그렇게 반복하노라.

기다림

날이 가고
자기 위해 눕고, 벽 쪽으로 누워, 눈을 감고
수마(睡魔)를 부르기 위해 움직이지 않으면, 뇌파(腦波)는 가라앉고, 어둠을 쳐다보고 있으면, 뇌파가 가라앉고
의식과 무의식의 경계에 이르러
나타난다...... 해골(骸骨).

오늘도 또, 당신인가
어부(漁夫)여!

　길도 없는 숲 깊숙한 곳
바위 위에, 해골은 똑바로 앉아 있고
무성한 나뭇가지 나뭇잎들 사이로 새어 들어온
수많은, 가는 햇살들이
꽃과 풀로 가득한 바닥에 얼룩을 만들어내고
삭아버린 살과 그 사이로 드러나는 뼈 위에도 얼룩을 만들어
내고

바위에 걸터앉아
무엇을 기다리는가, 어부여!

　이것이 분명히 환상(幻像)인 이유는
나의 형편없는 시력(視力)으로
현실의 사물이 이렇게 뚜렷하게 보일 리가 없기 때문.
눈을 감고, 뇌파가 가라앉고,
꿈과 각성(覺醒)의 경계에서 내가 보는 모든 형상들은 고로
환상이다.

그렇게 걸터앉아
무엇을 기다리는가, 시체(屍體)여!

앉은 채로 죽고
살은 썩어 내려 뼈가 드러나고, 썩어 내린 살은
원래의 색깔을 알 수 없게 되어버린 옷가지에 엉겨 붙고
빗물에 젖고, 바람에 말려지고, 햇볕에 그을리고
그래도 쓰러지지 않고
죽은 채로 앉아

도대체 무엇을 기다리는가
해골이여!

그물 다듬을 때나 쓰는 꼬챙이를 여전히 손에 쥐고 있는 어부가
아무도 오지 않는, 길도 없는,
깊은 숲속에 들어와
바위에 걸터앉은 채로 죽고는
꽃과 풀과 햇살이 만들어내는 색채(色彩)와 색채와 색채와 색채의
무시무시한 광란(狂亂) 속에 앉아
더 이상 무엇을 기다린다는 말인가

삶이 끝났으니, 처벌도 끝난 셈이라네!

아아, 나의 미련(未練)한 생령(生靈)이여,
지난 무희(舞姬)가 눈앞 불과 한 뼘 거리에서
의자에 반쯤 걸터앉아 막 일어서려 하고 있었을 때에는,
찬란한 빛깔의 관(冠), 귀걸이, 반복형식조차 없는 장식들이,
노란빛 하얀 얼굴을 흐르는 길고 깊은 화장(化粧)과 함께 불타오르고,
그 빛깔이 휘몰아 타는 냄새마저 맡을 수 있었지.
색채들이 부풀며 산란(散亂)하고, 그 속에서 빛나던 무희는
이제 막 자리에서 일어서, 이제 막 춤을 추려하고 있었고,
나는 그것을 알고, 그것을 몹시 기대하고
숨을 죽이고, 탐닉(耽溺)하고 있었거늘,
그러나,
모든 빛과 색깔은 어느 새 꽃과 풀로 변하고
숲을 뚫고 들어와 천 갈래로 빛나는 햇살의 광란으로 변하고
지난 무희는 어디로 가고

어째서 이러는 건가, 죄인(罪人)이여,
고통은 인식 속에 있으니, 처벌도 끝나지 않았는가!

나의 미련한 동족(同族)이여,
삶이 끝났으니, 처벌도 끝난 셈이라네!

벽 쪽으로 누운 채, 다시 의식과 무의식의 경계에 이르고

뇌파가 긴장하여 환상은 사라지고
어둠을 쳐다보며 탄식한다. “오늘도 또, 당신인가”
무희가 이제 막 의자에서 일어서려 하고 있었는데,
이제 막 춤을 추려하고 있었는데,
반복형식조차 알 수 없는 복잡 찬란한 갖가지 장신구를 두르고
노란빛 하얀 얼굴에 무시무시한 화장을 한 아름다운 무희가
이제 막 일어나 춤을 추려 하고 있었는데,

“오늘도 또, 당신인가” 길도 없는 깊은 숲 햇살 찬란한 곳에
해골은 바위 위에 똑바로 걸터앉아 있고

처벌은 끝났지만, 기다림은 남았네,

삶은 끝났지만, 기다림은 남았네......

물과 밤의 노래

강(江)은 잠들어 바다에서 죽으리
태어나 단 한 번 아름다운 것을 보고
귀기(鬼氣) 밀려 와 귀기 사라지고
모든 아름다움으로 믿어
마지않고,
잠들고,
바다에서 죽으리

자장가 부르던 여인(女人) 시간의 강을 흘러
영원의 바다에서 죽으리, 강에 바쳐진
고통과 이슬의 노래

태어나 단 한 번 그것을 듣고
그제야 살아 있음을 깨닫고
귀기 밀려 와 귀기 사라지고
죽음을 알고,
잠들고,
바다에서 죽으리

약속해 갖고 있던
물과 밤의 노래

고목(枯木)에 관하여

오루혼 감찰청 분석록 착종(錯綜)란 17-61에서 요약 발췌

사냥꾼의 오두막에서 시체가 발견되었다.

감찰청에서 나온 수사관은 시체를 면밀히 검사해 보았지만, 타살(他殺)이나 자살(自殺)의 흔적을 전혀 찾아 볼 수 없었기 때문에, 일단은 자연사(自然死)로 판별하였다.

비록 사인(死因)이 확실하지는 않았지만, 타살의 흔적이

없다면 그것은 수사관의 소관이 아니기 때문에, 남은 일이라고는, 정황을 기록해 두고 현장 정리를 감독하는 것뿐이었다.

다만, 수사관은 정황을 기록하면서 자꾸 석연치 않은 점들을 발견하게 된다.

첫째, 병사(病死)라고 보기에는, 사망자가 침상에 반듯하게 앉은 채로 죽어 있다는 점을 이해할 수가 없었다. 수사관은 병자들이 반듯하게 앉아서 죽음을 기다린다는 경우를 들어본 적도 없었다.

둘째, 사망자가 입고 있는 의식적(儀式的)인 옷가지들도, 병을 앓다가 죽은 흔적이라고 보기 힘들었다.

셋째, 사냥꾼의 오두막에는 있을 법하지 않은 물건들, 즉 사망자의 소지품이라고 짐작되는 물건들에서, 병이나 병의 치료 혹은 증상의 완화 등을 암시하는 것이 하나도 발견되지 않았다.

수사관은, 보면 볼수록 정황이 점점 더 파악되지 않았기 때문에, 당황할 수밖에 없었다.

정황을 기록하면서 더 자세히 보면 볼수록, 사망자는 스스로 굶어 죽은 것으로 판단이 되는데, 그 이유를 짐작할 수가 없었다. 입고 있는 옷가지를 보나, 소지하고 있던 돈과 몇몇 고가(高價)의 소지품들을 보나, 단순히 먹을 것이 없어서 굶어 죽은 것으로는 보이지 않았던 것이다.

수사관은 이어, 사망자의 소지품으로 보이는, <고목>이라는 제목의 서적 빈 칸에 기입되어 있던 몇몇 수기(手記)를 읽어 보고는, 사인을 '자발적 아사(餓死)'로 결론짓고, 시체와 소지품들을 감찰청으로 운반하였다.

'신령(神靈)에 몰려......'

감찰청의 분석관들은 '자발적 아사'의 원인을 '극단적 금욕주의'로 결론지었다.

<고목>의 여백에 기록되어 있던 수기에 따르면, 사망자는 사냥꾼의 오두막에 도착한 당일부터, 계획에 따른 여덟 번째 금식(禁食)을 시작하였고, 그것은 열나흘 넘게 계속되었던 것으로 보였다.

어째서 사냥꾼의 오두막에 도달했으며, 어째서 그곳에서 단식을 시작했는지에 대한 명확한 기술(記述)은 없고, 유일한 암시는 '신령에 몰려 이곳에 도착한 이후'라는 언급뿐이다.

아사 자체에 대한 더 이상의 참고 사실은 없고, 나머지는 분석관들의 추론과 분석이다.

사망자가 금욕주의자라는 가정은, 몇 가지 사실들에 의해 기초된다.

<고목>의 소지와 반복적 독서, <고목>에 대한 찬동, <고목>이 제시하는 금욕주의의 최종 단계인 금식의 실행.

'끊임없이 자식을 낳음으로써 끊임없이 지옥(地獄)의 문을 열어젖히고, 고요를 고통으로 채운다.

끊임없이 자식을 낳으려 함으로써 끊임없이 지옥의 문을 열어젖히려 하고, 고요를 고통으로 채우려 한다.

이것은, 법적인 죄가 아니라고 항변한다 한들, 윤리적으로는 가장 큰 죄(罪)인 것이다.'

사망자가 금욕주의자라는 가정 하에, <고목>이 제시하는 금욕주의의 최종 단계인 금식이 사망의 원인으로 보인다.

일반적인 금욕주의 논리는, 쾌락이 결국에는 더 큰 고통을 낳기 때문에, 그것을 지양(止揚)하는 것이, '최종적 이득'이라는 것이다.

극단적인 금욕주의 논리는, 어떠한 욕구의 충족도 결국에는 고통을 낳기 때문에, 그것을 적극적으로 공격하는 것이, '종합적 이득'이라는 것이다.

그러므로, 탐식(貪食)을 지양하는 것은 일반적인 금욕주의의 범주에 들고, 식욕(食慾)을 공격하는 단식(斷食)의 고행(苦行)은 극단적인 금욕주의로 분류된다.

일반적인 경우에, 단식의 고통은, 최종적인 손해로 끝나고 만다. '금식'이, 이 세상에서 일반적인 행동이 될 수 없는 이유이다.

그러나 물론, 이 세상에는 일반적인 행동만이 존재하는 것도 아니고, 일반적이지 않은 행동이 존재하지 않는 것도 아니다.

육체의 쾌나 불쾌를 넘어서는 '종합적 이득'을 추구한다는, 그런 일반적이지 않은 방법들이 <고목>에 제시되어 있다.

예를 들어, <고목>은 단식 시작 후 4, 5일 만에 접신(接神)을 암시한다. 그리고 만약 신의 목소리를 듣게 되고, 더 나아가 신의 명령을 듣게 되면, 그것에 복종하는 것이 지고(至高)한 행복에 이르는 길임을 암시한다.

한편, 그러한 과정은 통각(統覺) 과정으로 분석될 수 있다.

일반적으로 음원(音源)은 공기의 진동을 만들어내고, 그 진동은 청각(聽覺) 기관을 자극하고, 자극받은 청각 기관은 청각 신호를 뇌로 전하고, 뇌의 오성(悟性)은 신호를 처리하여, 최종적으로 '소리'를 인식하게 된다.

일반적으로는 그러한 과정이 진행되어 소리를 인식하게 되지만, 언제나 반드시 그런 것은 아니다.

꿈속에서 누군가가 자신에게 말을 하고, 자신이 그것을 알아듣는 경우, 거기에는 공기의 진동도 없고, 청각 기관의 자극도 없고, 청각 신호도 없다.

이런 경우, 소리를 인식하게 만드는 자극은, 신체 외부에서 비롯되는 것이 아니라, 신체 내부에 존재하고 있다.

내부의 자극에 의해 소리를 듣게 되는 현상을 '환청(幻聽)'으로 분류하는데, 환청을 일으키는 자극들은, 일반적으로 '꿈'이나 '집중'과 같은 뇌파(腦波)의 변동, 독약이나 마약 등의 약물 작용, 중독성 약물들의 금단 증세, 비일상적인 흥분이나 증오나 죄책감 등의 격한 감정들이 있다.

그러한 환청들은 당연히, 공기의 진동을 매개로하는 실제의 소리들이 아니고, 그러므로 즉, 실제로는 소리가 나지 않아도, 소리를 들을 수는 있는 것이다.

마찬가지로, 4, 5일을 넘는 금식 또한 환청을 일으키는 강력한 구동력(驅動力)이 될 수 있다.

양분 섭취에 대한 비일상적인 신체적 욕구, 내부 장기(臟器) 기능의 저하 혹은 항진(亢進) 혹은 불균형, 체액 분비와 체액 순환의 교란 등등, 신의 목소리를 들을 준비가 완료되는 것이다.

그리고, 단식을 염원하는 극단적인 금욕주의자들이 높은 확률로 듣게 되는 신의 명령들은, <고목>에 이미 여러 가지가 제시되어 있는 바이다.

'고목(枯木)'은 금욕주의의 이상(理想)이다. 고목이란 당당하게 드러난 시체이다. 생존 시의 형태를 유지하고는 있지만, 실제로 아무런 욕구도 없고 그러므로 아무런 고통도 없는, 지고한 정지 상태 속에 존재한다.

고로, 사망자의 사인은 '극단적인 금욕주의에 의한 자발적 아사'로 결론지을 수 있다.

새에 관하여

오루혼 감찰청 분석록 착종(錯綜)란 17-154에서 요약 발췌

정복(征服)의 시대 말기에는, 향후의 노동력 부족을 우려하여, 포로의 존재를 인정하게 되었다.

이후, <포로>라는 것이 존재하게 되었고, 그들을 수용할 수용소가 마련되었다.

그 모든 일에 관해, 수용소장을 위시해 이하 병사들까지, 이해를 할 수가 없었다.

- 현재 병사들의 식량을 축내고 있는 저 포로들은, 전투에서 우리를 죽이려 했던 자들이며, 기회만 주어진다면, 지금 여기에서라도 우리를 죽이려 할 자들이다. 살려 두는 이유가 무엇인가!

감찰청 명(名)으로 거듭 내려온 교시(敎示)는 다음과 같다.

항후 노동력 확보를 위해,
포로들을 함부로 죽이거나 불구로 만들지 말 것.
죄인을 처형할 시, 그 내용을 사전에 감찰청에 보고하고 허가를 받을 것.
병자가 사망할 시, 감찰관의 확인을 받아 보고할 것.

포로수용소의 운영이 시작된 지 얼마 지나지 않아, 운영 교시가 황제 명(命) 혹은 황제 명(名)이 아니라는 사실을 구실로, 봄비가 내린 후 들판에 피어나는 새싹들처럼, 실로 수많은 이의제기가 있었다.

- 말썽을 부리는 자는 어느 무리에나 섞여 있는 법이고, 그 자를 뽑아내어도 이내 또 다른 자가 그 역할을 대신하는 법이거늘, 이렇게 사형(死刑) 허가를 안 내 주면, 어찌 통제하라는 말인가!

– 불구가 되지 않을 정도로만 매질을 하라니, 그들의 사기(士氣)를 북돋아 주는 효과밖에 없지 않은가! 포로들의 절대다수는 열 살 이상 된 남자들이다.

– 사형이 종종 집행되어 눈앞에서 목이 떨어져 나가는 것을 보는 것만으로는, 통제에 충분치 못한 법이다. 증거를 보라! 여전히 사형이 '종종' 집행되지 않는가. 예상 가능한 일에는, 감히 예상해 보려는 마음을 일으키는 자들이 나타나기 마련이다.

– 1명을 죽여서 나머지 9명에게 경고한다는 것은, 효율이 거의 없다. 5명 죽여서 나머지 5명에게 경고한다 해도 효율이 의심스러울 따름이다. 9명 죽여서 1명에게 경고한다면 비로소 효율의 의미를 납득할 수 있을 것이다.

이에 대한 감찰청의 교시는 다음과 같다.

의도적으로 사형의 구실을 만들어 내지 말 것.
문제를 일으키는 포로들은 격리해 수용하고 소통을 차단할 것.

말씽은 그저 가둬 놓고 무시해 버리라는, 그 단순한 감찰청의 교시는, 유효했다.

그것은, 노동력을 확보하면서도 동시에 통제가 가능하다는 결과를 낳았다.

그것은, 포로들의 육체는 보존하지만 정신을 불구로 만들어 놓는 방법이었다.

격리수용과 소통차단, 즉 강제적인 고립 상태가 시작되면,

시각이나 청각을 통해 들어오는 정보에 변화가 없어진다

의식(意識)에게 공급될 일상적인 소재가 격감(激減)한다(의식이 할 일이 거의 없어진다)

영양분은 공급되므로(음식은 제공되므로) 감정의 형성은 계속되는 데에다가, 대부분의 할 일을 잃은 의식이 오로지 그 감정을 증폭(增幅)시키는 일만을 하게 되어, 사소한 괴로움도 이내 엄청난 괴로움으로 바뀌게 된다

사소한 우울(憂鬱)도 이내 엄청난 우울로 바뀌고, 사소한 분노도 이내 엄청난 분노로 바뀐다

그런데, 감정의 분출구는 없다

대략 이 시점에서, 자신의 감정이라는 무형(無形)의 도구(道具)를 가지고, 스스로가 스스로에게 고문(拷問)을 가하기 시작한다

대부분의 경우, 열흘 이내에 신경쇠약(神經衰弱)을 일으키고, 보름 이내에 신경이 너덜너덜해진다

이 시점까지 대략 공통적이었던 그러한 상태는, 시간의 경과와 함께, 대략 세 가지 분기(分岐)로 갈라져 발전한다.

무기력(無氣力), 자해(自害), 발광(發狂).

첫째, 무기력

대다수의 경우에 해당한다. 스스로에게 고통을 가하는 것은 결국 손해(損害)라는 사실을 깨닫게 되면서, 자기 방어 기제(機制)가 작동하기 시작한다.

스스로에게 괴로움을 주는 생각들을 의도적으로 배제하고 억제하고, 둔감(鈍感)을 의도하고, 자신이 처해 있는 상황을 가능한 한 정밀하게 합리화하는 작업을 계속한다.

그 결과로서, 아마도 수용소 측에게는 가장 바람직한 상태, 즉 무기력 상태에 이른다.

이러한 무기력 상태가 자신이 처해 있는 상황에서는 그나마 최선의 선택이라는 확신에 다다르면, 이 상태는 고착(固着)

된다. 별다른 외부 자극이 없는 한, 조용하고 평화롭고 안정적인 상태가 유지되는 것이다.

강요된 고립 상태에서 '무기력'이 그나마 가장 바람직한 이유는 그 안정성에 있는데, 그 안정성이라는 것이, 아마도 대부분의 인간들이 일생(一生)을 통해 서서히 겪는 심리변화를 충실하게 답습한다는 데에서 비롯되는, 그런 안정성이기 때문일 것이다.

즉 그것은, 허술하기 짝이 없는 어설픈 꿈만 꾸다가, 지 마음대로 안 되면, 주로 남을 탓하고 가끔은 자기 탓도 하고, 살면 살수록 꿈이 점점 작아진다는 소리나 되풀이하면서, 결국은 제 풀에 지쳐서 시무룩해진다는, 그런 과정을 압축시켜 놓은 것이라고 볼 수 있다. 그러므로 그것은, 자연 발생적 과정을 답습한다는 의미에서 안정적인 것이다.

둘째, 자해

자해는 다시, 세 가지 경우로 세분(細分)된다.

무기력 상태에 이르지 못한 채, 자기 자신에 대한 고문이 점점 강화되면, 고문은 결국 가시적이고 구체적인 형태로 변하고, 그것은, 머리를 벽에 찧는다거나, 머리카락을 쥐어뜯는다거나, 뾰족한 물체로 자신의 살을 찢거나 찌르는 등의 행동으로 나타난다.

이러한 더 강화된 고문이 때때로 극에 달해 목숨이 끊어지면, 그것은 저절로 '자살(自殺)'의 범주에 들어가게 되기는 하지만, 자신이 처한 상황에서 탈출하기 위한 의도적인 자살과는 구분된다. 즉 강제된 고립 상태에서의 자살은, 원칙적으로 '실수한 고문'과 '의도적 탈출'로 나뉘어야 하고, 그것은 반복적 가해의 흔적 유무(有無)로 판단할 수도 있지만, 수용소 측 입장에서 보면 별 의미가 없다. 포로의 자살은, 그저 노동력의 손실일 뿐이고, 그 이외에 아무것도 아닌 것이다.

마지막으로, 격리 차단 상태에서는 거의 아무런 자극이 없기 때문에, 스스로 자극을 만들어 내는 경우가 있다. 스스로 만들어 내는 통증(痛症)은, 이런 경우, 비교적 통제가 잘 된 훌륭한 자극이 될 수도 있고, 그러므로 이것은, 자기 방어 기제의 일종이다. 요컨대, 미치도록 심심한 것보다는 차라리 조금 아픈 것이 낫다는 심경의 발로이다.

셋째, 발광

격리 고립된 포로가, 울부짖으며 한탄을 하거나, 비명을 지른다거나, 욕지거리나 저주를 퍼붓는다 해도, 즉 아무리 극한 감정을 표출한다거나 해도, 한 종류 이상의 환각(幻覺)이 전제되어 있지 않는 한, 그러한 행동들은 발광의 범주에 들어가지 않는다. 그러나 거의 아무런 행동도 나타나지 않는다 해도, 하나 이상의 환각이 동반된다면, 그 상태는 발광의 범주에 들어간다.

감각(感覺)이란, 감각 기관이 주어진 자극을 처리해 낸 결과물이다. 사물에 반사된 빛이 시각을 자극하기 때문에 그 사물의 형태와 색깔들을 지각할 수 있고, 반사된 빛이 전혀 없거나 시각이 작동하지 않으면 형태도 색깔도 지각되지 않는다. 일반적으로는, 눈을 감거나 기절을 하면 아무것도 안 보이는 것이다.

환각이란, 자극이 신체 내부에서 비롯된 감각이다. 일상적인 꿈속의 형상들은 외부의 시각 자극 없이 지각되고, 꿈속에서 들은 소리들도 외부의 청각 자극 없이 지각된다. 음산한 장소에서 종종 경험하는 환시(幻視), 아무런 소리도 들리지 않을 정도로 조용한 장소에서 들리는 환청(幻聽), 술 등의 금단 현상에서 비롯되는 환촉(幻觸) 등은, 독한 약(藥)이나 독(毒)에 의해 발생하는 각종 환각들과 함께, 그 자극이 신체 내부에 존재하는 감각들이다.

환각의 조건은 갖가지이다. 약이나 독 같은 갖가지 약물들뿐만 아니라, 극도의 흥분이나 우울, 공포 등의 극단적 감정들도, 감각 신경들을 과민 반응하게 만들어 머릿속에 비일상적인 감각을 형성하게 한다.

그러므로, 기약도 없이 장기간 고립되고 의사소통마저 완전히 차단되어 신경쇠약 상태에 처해 있던 포로들에게는, 환각이 발생할 충분한 조건이 갖추어져 있었던 셈이다.

무기력, 자해, 발광 중에서 '자해', 특히 '자살'은 노동력 감소로 이어지기 때문에 감찰청에서 가만히 있을 리가 없었다.

감찰청에서는 당연히 감찰관들을 파견했지만, 감찰관들이 알 수 있었던 것은, 수용소 측도 포로 측도 거짓말을 하고 있지 않았다는 것과, 그러므로 그 모든 사건들이 감찰관 자신들의 소관이 아니라는 것뿐이었다.

포로들의 자살이, 처음에 감찰청에서 의심했던 것처럼, 수용소 측의 고문에 의한 것이 아니라, 감찰청의 지시대로 포로들을 그저 가둬 놓기만 했는데도 발생한 사건들이라면, 감찰관들로서는 달리 할 일이 없었던 것이다.

감찰청은, 이번에는 분석관들을 파견했다.

당시에 수용소의 상황을 관찰하고 분석하고 있던 분석관들 중 한 명이, 특히 관심을 갖고 관찰했던 현상은 <새>에 관한 것이었다.

분석관이 '수비대장(守備隊長)'이라고 표기했던 그 포로는, 실제로 수비대장이었다고 기록되어 있었는데, 겉보기에 눈에 띄는 무기력이나 자해의 증상은 보이지 않았다.

그러나, 분석관이 수용소에서 관찰을 시작했을 때, 그는 이미 발광 상태에 있었다.

관찰 초기의 기록은, 수비대장의 갖가지 행동들이 분명히 목적을 갖고 있는 것으로는 보이지만, 그 내용은 전혀 이해할 수가 없고 전혀 분석할 수도 없다는 식으로 열거된다.

분명히 뭔가를 하고 있기는 하지만, 그게 뭔지는 알 수가 없다는 것이다.

거의 아무런 결과도 내지 못하던 그 관찰은, 엉뚱한 사건을 계기로, 전환을 이룬다.

어느 날 관찰 중간에, 분석관은 다시 되돌아올 생각으로 자신의 기록용지와 필기구를 놓아 둔 채 잠시 자리를 비웠다.

분석관이 되돌아왔을 때 본 것은, 수비대장이 자신의 기록용지와 필기구를 사용하여 뭔가를 기록하고 있는 모습이었다.

분석관은, 방해하지 않고, 기다렸다.

수비대장이 기록해 놓은 내용을 분석해 보고 나서야, 분석관은 비로소 수비대장의 행동들을 이해할 수 있었고, 몇 가지 결과적인 사실들을 추출해 낼 수 있었다.

일단, 수비대장이 강력한 환각을 경험하고 있다는 것은 분명했지만, 그것은 더 나아가, 착종(錯綜)의 정도를 넘어 가 있는 것으로 보였다.

거의 대부분의 환각들은 현실과 뒤섞여 있기 마련이다. 종종 환각을 경험한다 하더라도, 현실의 갖가지 자극에 반응하기 마련이다. 그 증거로, 누군가가 자신의 이름을 부르면, 거의 대부분 그것을 알아차린다는 사실을 들 수 있다. 대부분은 자신을 부르는 소리에 반응하고, 그 다음에 무슨 말이 나오는지를 듣기 위해 기다린다.

그러나, 수비대장은 외부의 자극에 상응하는 반응을 하지 않았다. 자신의 이름을 불러도, 어딘가에서 무슨 소리가 났다는 정도밖에는 알아차리지 못하는 것처럼 보였다.

물론 의사소통은 불가능했지만, 오히려 의사소통을 할 필요조차 없는 듯했다.

수비대장이 매일매일 꼼꼼히 기록하고 있던 내용을 통해, 분석관은 그가 어떤 환각들을 경험하고 있고, 또 그러한 환각들에 그가 어떻게 반응하고 있는지를 알 수 있었다.

기록용지와 필기구를 공급해 주기만 하면, 발광 상태에 있는 그의 상태와 행동을 상세히 알 수 있었던 것이다.

수비대장은, 환각 속에서 자신이 보고 듣고 느끼고 있는 것들이 무엇인지, 스스로도 잘 파악할 수가 없는 듯했지만, 그래도 자신이 처해 있는 상황을 최대한 파악하기 위해 나름의 노력을 기울이고 있는 중이었다. 그는 상당히 혼란스러워하면서도, 모든 것을 최대한 기록해 두려 하였다.

기록 내용에 따르면, 수비대장은 '굉장한' 방어요새 안에 있었다. 요새는 언제나 구름 위에 떠 있었고, 그는 그 요새를 <새>라고 칭했다.

구름 위에 떠 있을 수 있는 것이라고는 새 종류밖에 없다는 이유로 그랬지만, 그 모양은 새와는 거리가 먼 것이었고, 그렇다고 거대한 새의 모양도 아니었다.

그것은, 처음에는 거대한 반구(半球)로 추측되었고, 상황이 더 많이 파악됨에 따라, 결국에는 거대하고 완전한 구(球)의 모양인 것으로 밝혀졌다.

즉, <새>는 하늘 위에, 구름 위에 떠 있는 거대한 공 모양의 방어요새였던 것이다.

수비대장 자신을 포함하여, 수비대는 총 100명으로 이루어져 있었고, 전원 거대한 구 내부에 머물면서, 적의 공격으로부터 요새를 지키기로 되어 있었다.

그러나 실제로는, 적은 한 번도 나타나지 않았다. 단 한 번도 나타나지 않았다. 그래서인지, 수비대장은 적이 어디서 나타나는지, 언제 나타나는지, 심지어는, 자신이 막아야 할 적이 도대체 무엇인지조차도 알 수 없었다.

수비대 전원은 그저 기다렸다. 내내 아무 일도 일어나지 않았지만, 그래도 요새를 수비하는 수비대이기 때문에, 계속 경계를 하면서, 뭔가가 일어나기를 기다리는 수밖에 없었다.

수비대장은, 그저 기다리기만 하는 오랜 시간을, 요새의 구조와 요새 안의 갖가지 사물들을 파악하기 위해 노력하면서 보냈다.

수비대장과 나머지 99명의 수비대원들을 사이를 가로막아 의사소통조차 불가능하게 만드는 투명한 벽은, 겉보기에는 유리로 만들어진 것으로 보였지만, 그 재질은 유리가 아닌 듯했다. 두들겨보기도 하고 긁어보기도 했지만, 아무래도 유리는 아닌 듯했다.

도대체 어떤 물질로 만들어진 벽이기에, 벽 저쪽의 수비대원들은 이쪽의 누군가가 몸짓을 하고 있다는 사실조차 알아보지 못하는 것일까? 어째서 건너편의 소리조차 들리지 않는 것일까? 수비대장은 알 수가 없어서 혼란스러웠다. 수비대원들이 움직이고 있는 저 기계들은 도대체 무엇을 위한 기계들일까?

분석관은, 수비대장의 광기(狂氣)를 관찰했던 기간 동안, 많은 질문들을 기록했다.

환각 또한, 환상과 마찬가지로, 반드시 현실을 반영하는가?

아니면, 현실에서 한 번도 경험해보지 못한 감각을 재료로 하는 환각이 존재하는가?

환각 또한, 환상과 마찬가지로, 목적에 대한 일관성을 갖는가?

아니면, 정말로 무질서한 광란일 뿐인가?

환각 또한, 환상과 마찬가지로, 현실과 착종하는가?

현실과 환상의 착종은, 흔하기 때문에 질병(疾病)의 범주에 들지 않는다.

사람들은 대개 소망의 눈을 통해 현실을 본다. 현실에 있는 그대로를 보는 것이 아니라, 자신이 원하는 것만을 보는 것이고, 그것이 바로 현실과 환상의 착종이다.

그것은 확실히, 분노, 발작, 실의, 우울 등의 형태로 비록 일상생활에 커다란 지장을 초래하기는 하지만, 너무나 흔하기 때문에 오히려 질병으로 취급되지 않는다.

그렇다면, 환각이 현실과 착종하는 경우, 일상생활에 지장 유무를 따져보지도 않고, 그것을 당장 질병이라고 확정할 수 있는가?

그런 갖가지 질문들을 해결하기 위해, 초기의 관찰을 바탕으로 분석관이 우선적으로 세운 가정은, 수비대장의 상태가 '환각과 환상의 착종'의 드문 경우라는 것이었다. 그러나 분석관의 관찰은, 결론을 낼 때까지 지속될 수가 없었다.

황제의 군대가 대륙 남부에서 광활한 평야를 발견해 보고했고, 황제는 그곳에 광대한 목초지를 조성해 가축들을 방목(放牧)하기로 결정하였다.

노예의 노동력이라는 것은 필요가 없어졌을 뿐만 아니라, 그 계획에 있어서는 이제, 인간의 존재 자체가 방해였다.

수용소는 즉시 폐지되었고, <포로>라는 것은 다시, 존재하지 않게 되었다.

수비대장이 기록한 원문의 내용은, 첨부자료로서, 당시의 분석관이 붙인 <새>라는 제목 그대로, 다음 장에 이어진다.

악령(惡靈)

오루혼 감찰청 고문서 번호 4153-7526-2366

탄귀 선생님께

<악령의 서(書)> 번역이 완료되었음을 알려드립니다. 단순히 고어(古語)를 현대어로 변환했던 수준의 초벌과 비교해 보면, 역시 어휘의 변화가 현저합니다. 생소했기 때문에 모호할 수밖에 없었던 관념들이 완전히 이해되자, 잘못 선택된 어휘들이 확연히 드러났을 뿐만 아니라, 적절한 어휘들이 스스

로 드러나는 듯했습니다. (그러한 어휘들 대부분이 선생님의 예측과 크게 다르지 않다는 사실은, 동봉한 사본을 통해 확인하실 수 있습니다.) 그리하여 비로소 원본의 의도는 적절히 반영되었고, 그리하여 고대의 기록자는 이제 현재의 목소리를 갖게 되었습니다. 그 모든 과정이 선생님의 조언 없이는 불가능했을 것이라는 사실을 재확인하며, 감찰청 고문서실에서 감사의 뜻을 전합니다.

점술(占術)이 되뇌노니, 다시 한 번 한파(寒波)가 닥치면
머리뼈 안에서 더 많은 핏줄이 터져 버리리.
그러나 매재인나무 향취(香臭)는 한파 뒤에나 오는 법.
지난 한파에 거의 죽어 버린 너는
점술이 되뇌노니, 이번 한파를 넘기지 못하고
생리혈(生理血)의 향취를 다시는 느끼지 못하리.
– 매재인나무 향취는 한파 뒤에나 오는 법.
피지도 않은 매재인 꽃들을
감기지도 않은 채 썩어갈 눈으로 그렇게
바라보고 있으리.
노예의 선(善)을 경멸하고 제왕의 악(惡)을 사모하던 살생(殺生)의 나날도 잊혀지고
악령(惡靈)을 보고야 깨달은 오욕(汚辱)의 나날도 잊혀질 터……

일찍이 너의 모든 길은 백병(白兵)의 씨앗이 정했다던가.
제왕의 노련한 점술사(占術師)들이 반역자들의 씨를 말리기 위해 골라 모았던
태생으로부터 악의 육화(肉化), 백병들.
귓전에 악령이 돌아다니고 있음을 알고 있던 너는

– 매재인 향취가 이미 그 씨앗 속에 들어 있듯
모든 것이 백병의 씨앗 때문이라 긍정해 마지않았던가.
그리고 씨앗은 향취에 싹이 트고

백병의 씨앗이 정했다던 살생의 나날 속에서
귓전을 돌아다니던 악령의 속삭임을 듣더라, 너는.
악(惡)이란 타자(他者)의 번식을 해(害)하는 모든 행위.
– 그 끝은 살생, 타자의 완전한 번식 중단.
벌레를 죽이기보다 짐승을 죽이는 것은
인식력이 큰 놈일수록 고통도 클 것이고, 고통이 클수록
네 쾌감이 크기 때문이라 계산(計算)하고는
아름다운 짐승만한 것이 없다고 소리 내지 않고 말하며
열락(悅樂)에 빠지더라, 너는.
그러나 시작이 있는 것에는 끝도 있는 법.

점술이 되뇌던 날, 한파가 덮쳐온 아침
땀구멍이 모두 막혀 혈압(血壓)이 치솟고
싯벌건 얼굴로 호흡을 못하더니
머리뼈 안의 핏줄은 혈압을 견디지 못하고
살생의 나날은 그렇게 끝나버리더라.
쓰러져 움직이지 못하는, 고개조차 마음대로 돌릴 수 없는
너의 눈에는
앞뜰에 서 있는 매재인나무만이 보이더라.

그리고 매재인나무 아래는 그 옛날 너의 어린 아내와 두 자식이 묻혀 있는 곳.

생리혈의 향취가 숨겨지지 않는 어린 아내에 취해 씨앗을 뿌리고는
사랑의 노래마저 부르더니
끝내는 우물에 오독(五毒)을 풀었더라.
혀가 검붉게 타들어가는 격통 속에서도 너는 해독제를 숨긴 채
네 피를 빨아먹고 네 살을 파먹으려 했다는 어린 아내와 두 자식이 격통에 몸부림치는 것을
웃음을 참은 얼굴로 바라보았고,
숨겨 둔 해독제로 홀로 살아난 너는
남들의 눈을 속여 죽인 처자를 앞뜰에 묻고는,
벌레를 죽이기보다 짐승을 죽이는 것은
인식력이 클수록 고통이 크고, 고통이 클수록 쾌감이 크기 때문이라 계산하더니
아름다운 짐승만한 것이 없다고 소리 내지 않고 말하며
열락에 빠지더라.

언제인가 마을에 머물렀던 악사(樂士)와 무희(舞姬)가
이 세상의 것이 아닌 것처럼 아름다워 높이높이 우월하다는 이유로

역신(疫神)으로 몰아 – "저것들이 사람으로 보이는가?"
남들의 암묵의 수긍 속에서 자랑스럽게 때려죽이고는,
벌레를 죽이기보다 짐승을 죽이는 것은
인식이 클수록 고통이 크고, 고통이 클수록 쾌감이 크기 때문이라 계산하더니
아름다운 짐승만한 것이 없다고 소리 내지 않고 말하며
그 모든 살생의 나날이
백병(白兵)의 씨앗 때문이라 긍정해 마지않았던가.

타자의 번식을 해한다는,
악의 구현(具現)에 취해 있던 너는
한파가 닥쳐 머리뼈 안의 핏줄이 터지고 쓰러져서야 비로소 깨닫더라,
악령은 너 자신 따위가 아니었다는 사실을.
살생의 나날 내내 네 귓전에 돌아다니던 악령의 존재를
그제서야 눈앞에서 보더라,
죽이려 너를 낳아 마침내 너를 죽이는
이 세상을.
그제서야 비로소 눈앞에서 보더라,
고작 너 자신 따위를 악령이라 믿고 있던 너를 비웃는 악령을,
이 세상을.
그러자 오욕의 나날이 시작되고

지독한 추모(醜貌)로 이 세상에서 배척당했던 노파가
- 죽음에 이르면 모두 삼키려고
갖고 있던 재물을 모두 귀금속으로 바꾸어 저 세상에서만 통한다는 주화(鑄貨)로 만들듯,
꿈속에서 자신만의 세상을 만들던 어부가
- 염원(念願)은 너무 강해 환각(幻覺)을 일으키고
자신이 주재자(主宰者)인 꿈에서 다시는 깨어나지 않기를 바라며 독초(毒草)를 씹듯,
결국에는 죽어 사라질 수밖에 없다는 사실을 깨달은 영리한 짐승들이
- 개념을 조합하는 기술은 교묘한 개념을 만들어 내고
스스로를 위로하려 만들어 낸 주문(呪文)을 중얼이듯,
너는 머리 속 핏줄이 터져 기어다니는 나날 속에서도
악령은커녕 악령의 농락물이라는 오욕의 나날 속에서도
오직 매재인나무를 바라보며
생리혈의 향취를
기어이 갈망(渴望)하더라.

그러나 점술이 되뇌기를, 한 번만 더 한파가 닥치면
머리뼈 안에서는 더 많은 핏줄이 터져 버리리.
- 매재인나무 향취는 한파 뒤에나 오는 법.
지난 한파에 거의 죽어 버린 너는

점술이 되뇌기를, 이번 한파를 넘기지 못하고
생리혈의 향취를 다시는 느끼지 못하리.
　– 매재인 향취는 한파가 가고 난 다음에나 오는 법.
피지도 않은 매재인나무 꽃들을
감기지도 않은 채 썩어갈 두 눈으로 그렇게
바라보고 있으리.
노예의 선을 경멸하고 제왕의 악을 사모하던 살생의 나날도 사라지고
악령을 보고야 깨달은 오욕의 나날도 사라지고
선도 악도 사라지고
선도 악도 번식의 방법일 뿐이라는
깨달음조차 사라지고……

계보(系譜)

야라모 산의 기슭(오루혼 평야 쪽)의 삼운-기리남 공원(公園) 구석에는 암반에서 떨어져 나온 것이 분명한 거대한 바위가 몇몇 서 있고, 그 중 하나는 <악마의 바위>라는 이름으로 알려져 있다.

<악마의 바위> 표면에는 사람들이 악마의 얼굴이라고 칭하는 하나의 형상(形象)이 보이는데, 그것은 비, 바람, 인위(人爲) 등 바위 외부의 침식 작용에 의한 것이 아니라, 바위 내

부로부터 비롯된 것이라 알려진다. 즉, 그것은 퇴적암의 한 종류이고, 오랜 세월에 걸쳐 퇴적된 암석 물질들이 섞여, 결국에는 우연히 그런 모습으로 나타난 것이라고.

주변 사람들은 오랫동안, 그 바위에 악마가 갇혀 있었고 지금도 그런 모습으로 갇혀 있다고 말해왔다. 어느 시대 어느 장소에서도 마찬가지이겠지만, 그런 말을 믿는 사람은 없을 것이다. 다만, 그렇게 말해왔을 뿐이라는 것이다.

40여 년 전 오루혼 도시계획과 직원 몇몇이 공원 개발에 관여하고 있었을 때, <악마의 바위>를 활용할 방안을 모색하였고, 공원 주변 요식업자들에게 한 가지 제안을 하였다.

바위 속에 갇혀 있는 악마의 유래나 정체를 알려 주는 사람에게는, 그 사례로서, 술과 음식을 대접할 것이라는 공지를 내 거는 것이 어떻겠느냐고.

도시계획과 직원들과 공원 주변 요식업자들은 함께 모여, 그 구체적 계획을 논의하고 그 광고 효과에 대해 토론하고, 결국 그 실행을 결정하였다.

우선, 공원 입구에 광고판을 마련해 공지를 냈다.

'공원 내 바위 속에 갇혀 있는 악마의 정체를 알려 주시는 분께는, 술과 음식으로 사례하겠습니다. 많은 관심을 부탁드립니다.'

그러나, 며칠을 기다려도 아무런 반응이 없었고, 그래서 미리 모의해서 계획했던 대로, 광고를 공지한 지 보름째에, 도시계획과 직원 하나가 그 악마의 정체를 꾸며냈다.

그리고 역시 미리 계획했던 대로, 그 내용을 문장(文章)으로 작성해서 커다랗게 공지했는데, 일부러 그 내용을 온갖 추측성의 문장들과 자신 없는 어조로 채웠다. 반론(反論)을 기대한 것이었다.

다음 계획은, 다시 보름 간 아무런 반응이 없을 시에는, 이번에는 요식업자들이 반론을 꾸며내어 원래의 문서 바로 옆에 커다랗게 게재하는 것이었다.

그런데, 의외(意外)로 며칠 지나지 않아, 손님들 중 하나가 악마의 정체에 관한 내용에 반론을 제기하였다. 자신은 어렸을 때, 그렇게 듣지 않았다는 것이었다.

업자들은 그 반응에 대단히 반가워하며, 그것을 문서로 작성해서 커다랗게 공지했고, 그 손님에게 술과 음식을 대접하는 것도 잊지 않았다.

광고효과를 노린 그 판촉활동은, 공원 자체와 주변의 요식업소들을 알리는 데에 상당한 효과가 있었다. 공원에 왔다가 게시판을 본 손님들은, 그것을 주변에 알렸고, 이번에는 더 많은 손님들이 게시판을 보기 위해 공원을 찾게 되었다.

의견을 낸다 해서 이름을 밝힐 필요도 없었고, 악마를 대상으로 한 의견에 증거를 제시할 필요도 없었기 때문에, 게시판의 내용은 어느 새 <악마의 바위>의 범위를 넘어, 악마 전체에 관한 별의별 이야기들에 이르게 되었다. 게시판의 면적은 풍선처럼 부풀어 올랐고, 더불어 게시판 자체의 인지도까지 오르기 시작하였다. 오랜 시간에 걸쳐 많은 사람들이 재미를 위해 그 일에 가담하였고, 그 주변 요식업소들은 점점 더 떠들썩하게 되었다.

그러나, 한 동안 매출 향상에 긍정적인 영향을 주었던 그 판촉활동은, 어느 날, 중지되었다. 도시계획과 직원들과 요식업자들은 자의로 중지를 합의하였던 것이다.

합의된 결론은, 악마의 관한 더 이상의 의견 수집을 중지하고, 게시판의 내용은 <악마의 바위>에 관한 것으로 엄격하게 제한해서 남겨 놓고, 나머지 게시판들은 전부 철거한다는 것이었다.

악마에 관한 갖가지 의견들은, 게시판이 철거되기 전까지 한 해에 한 번 정도 꾸준히 정리되고 있었고, 그 내용은 악마의 종류, 특징, 역할, 체계, 그리고 악마의 근원과 본질 등, 악마에 관한 모든 것을 아우르려 애쓰는 것처럼 보였다.

그런데, 동시에 그것들은, 공간이나 물질을 아무리 반으로 나누고 또 나누어서 작아져도 그것은 이론 상 여전히 반으로 나눌 수 있다는, <무한 분할>을 상기시키고 있었다. 아무리 작게 분할해봐야 분할은 끝나지 않을 것이라는 기분은 별로 좋은 것이 못 되었다. 악마는 이미 너무나 많았는데도, 앞으로 얼마든지 더 새로 생겨날 것 같았던 것이다.

더욱이, 대개의 사람들의 경우 악마에 관한 이야기들이라는 것은 조금씩, 가끔, 듣게 되는 종류의 이야기들이다. 그런데, 공원 앞의 무수한 게시판들은, 그런 이야기들을 한꺼번에 모아 분석하고 체계화해 놓은 것들이었고, 대개의 사람들로 하여금 어렴풋하게나마 악마가 무엇인지를 짐작하게 만드는 것들이었다.

비록 일부만 읽어 봐서는 잘 알 수 없었을 것이라 하더라도, 전체를 몇 번이고 반복해서 읽어 보면, 대개의 사람들은 느낄 수 있었다.

악마의 기원은 혹시 인간이 아닌가?

아니면, 인간의 기원이 악마였던 것인가?

악마는 인간의 한 종류에 지나지 않는 것인가?

아니면, 인간이란 것이 사실은 악마의 한 종류인가?

그저 닮은 점이 있다고만 하기에는, 너무나 닮지 않았는가?

도시계획과 직원들도 공원 주변의 요식업자들도, 어렴풋이나마 그런 느낌이 들었다는 사실을 부인할 수 없었고, 그것은 광고효과로서는 그리 좋은 것이 되지 못할 것이라는 짐작을 하지 않을 수 없었다.

이를테면, 바위에 갇히게 된 악마를 구경하며 그에 얽힌 이야기를 듣는 것으로 잠시나마 일상생활의 지루함과 부산함을 잊는다는 것은, 손님들이 공원을 찾게 되는 요소가 될 수 있다.

그러나 이를테면, 남을 불쾌하고 불행하게 만드는 데에서 희열과 보람을 찾는 인간들이 언제나 어디에나 끝도 없이 널려 있다고 느끼게 하는 것은, 손님들이 발길을 돌리게 되는 요소일 것이다.

그렇기 때문에 결국 대부분의 게시판들이 철거되었고, 그렇게 해서 악마의 계보는 사라져 버리게 되었는데, 그것을 숨긴 것은......

문장(紋章)

오루혼 항구에 위치한 운송회사의 운송계획과 직원은, 동쪽으로 해안을 따라 여러 시간 운전한 끝에 사로시(市) 해변에 다다랐다.

계획은, 그날 저녁부터 시작해서 꼬박 3일 동안, 아무 일도 하지 않고, 일에 관한 생각도 결코 하지 않고, 아무하고도 연락을 취하지 않고, 모든 것을 잊고, 쉬는 것이었다.

직원은 차에 싣고 온 안락의자를 거의 바닷물이 닿을 정도의 위치까지 밀어 놓고, 의자 옆에는 간이탁상을 놓고, 그 위에 음료수와 과자 그리고 담배를 올려놓고는, 거의 눕다시피 앉아서, 바다를 바라보았다.

담배를 입에 물고 간신히 불을 붙이자, 이내 수마(睡魔)가 덮쳐왔다. 직원은 피우고 있던 담배를 다 피우거든 낮잠이나 자 버리려고 생각했다. 숙소를 정하는 것은, 일단 자고 난 다음으로 미루기로 했다.

똑바로 누워 있자니, 속이 메슥거렸다. 비스듬히 눕기 위해 몸을 뒤척이다가, 조금 전까지 해변에서 놀고 있던 사람들이 모두 돌아갔다는 사실을 깨달았다. 해변에 달랑 혼자서 자리 잡고 잠을 잔다는 것 때문에 약간 초조해지기는 했지만, 그래도 잠을 청했다.

웬일인지 잠에 들지 못했다. 장시간 운전을 해서 신경이 곤두선 탓도 있는 것 같았고, 역시 그 넓은 해변에 혼자서 자리 잡고 잠을 잔다는 생각에 의기소침해진 탓도 있는 것 같았다. 그러나, 그렇다고 정신이 깨는 것도 아니었다.

직원은 결국, 눈을 게슴츠레 뜬 채로, 하늘과 바다가 노란

색조를 띠기 시작하는 것을 보게 되었다. 조금 더 있으면, 이제 노란 색조가 점점 붉어지기 시작하고, 저녁노을이 밀려 올 것이었다.

조금 전까지는 있는지도 몰랐던 사로성(城)이 햇빛에 가장 민감하게 반응하는 것이 보였다. 바닷물보다도 땅보다도, 사로성의 성벽이 햇빛을 더 잘 반사하고 있었다. 그 중에서도 성채 입구에 걸려 있는 금속판은 벌써부터 붉게 타오르고 있었다.

너무 밝게 빛나고 있어서 금속판의 내용은 식별할 수가 없었지만, 이전에 몇 번이나 본 기억이 있기 때문에, 직원은 그 내용을 이미 잘 알고 있었다. 그것은 사로시를 상징하는 문장(紋章)이었다.

대부분의 다른 사람들과 마찬가지로 직원도 처음에는, 그 문장에 그려져 있는 칼을 쥔 손과 그 밑에 씌어 있는 '칼을 손에 쥔 채 죽으리'라는 고어(古語) 그리고 사로의 옛 이름 '사로자래'를 보고, 그 문장이 황제군(皇帝軍)에 대항해서 싸웠던 시대를 상징한다고만 생각했었다.

그러나, 역사를 통해 알게 된 사실은, 전혀 그런 것이 아니었다. 오루혼 지방의 사람들은 황제군에 대항하기 위해 사로시에서 집결한 것이 아니라 그저 거기까지 밀려났을 뿐이었고, 전투에서는 처음부터 황제군의 상대가 되지도 못했다.

황제군의 대부분은 거의 평생 동안 전투를 거쳤는데도 여전히 살아남았던 전사들이었고, 오루혼 지방 사람들은 거의 전원이 평생 단 한 번도 전투라는 것을 구경해 본 적조차 없는 농부와 어부들이었다. 배가 모자라서 바다로 도망치지 못한 사람들이 몰살을 당했던 것뿐이었다.

사로의 문장이 만들어진 것은 그 이후, 즉 정복의 시대가 끝나고 해적의 시대가 시작될 무렵이었다. 그리고 '칼을 손에 쥔 채 죽으리'라는 표어(標語)도, 오루혼 농부들의 표어라기보다는 아무래도 황제군의 표어이었을 것이다.

황제군은 높은 땅 출신들이라 바다에 관해 완전히 무지했기 때문에, 바다에 있는 그 많은 소금물은 그저 불필요한 것이라고만 생각하고 있었고, 또 그랬기 때문에 오루혼 지방의 엄청난 수의 사람들이 바다 남쪽의 안자섬을 위시한 여러 섬들에까지 도망쳐 살아남을 수 있었다.

그리고는, 정복의 시대는 끝나고 해적(海賊)들의 시대가 시작되고, 해적들이 대륙 북해(北海)까지 돌아다니지 않았더라면 영원히 발견되지 않았을지도 모를 북해군도(北海群島)와 그 사이에 지협(地峽)이 발견되고, 지협을 따라 올라간 곳에 짐승의 땅이 발견되고, 역사는 또 다른 대격변을 이루고, 해적의 시대는 저물어가고……

그러나, 운송계획과 직원에게 필요한 것은, 그저 휴식뿐이었다. 우기(雨期)가 다가오건 건기(乾期)가 가건, 정복이고 해적이고 전투고 문장이고 간에, 중요한 것은 휴식이었다. 안 그래도 피곤한데, '칼을 손에 쥔 채 죽으리'는 너무나 피곤한 소리였다.

직원은 눈을 감은 채 눈꺼풀 사이로 노란 햇빛을 느끼며, 자신이 고대(古代)에 태어났더라면, 무엇으로 태어났었을까 하고 생각해 보았다.

황제의 병사? 농부? 어부? 해적?

운송회사의 운송계획과 직원이라는 것은, 과연 어느 것에 더 가까운 직업일까?

싸우는 것과는 별 상관이 없으니, 병사나 해적은 아닌 것 같은데, 그렇다고 곡식과 가축을 기르는 것도 아니고, 물고기를 사냥하는 것도 아니고...... 직원은 문득, 그 모든 직업들의 공통점이 '배고픔과 싸운다는 것'이라는 생각이 들자, 눈을 뜨고, 사로성의 문장이 보이는지를 확인해 보았다.

문장은 여전히 반사광 때문에 보이지 않았고, 해변에는 여전히 아무도 보이지 않았다.

직원은, 고대의 그 사람들도 피곤해지면 지금의 자신처럼 누워서 쉴 생각만 했을 것이라고 추측하며, 다시 눈을 감고, 다시 생각해 보았다.

배고픔, 일하지 않으면 다가올 것이 뻔한 기아(饑餓)와 싸운다. '칼을 손에 쥔 채 죽으리'

배고픔을 면하면, 이번에는 권태와 싸운다. '칼을 손에 쥔 채 죽으리'

권태와의 싸움에서 지게 되면, 이번에는 진정한 절망과 싸워야 하기 때문에, 더 위험해진다. '칼을 손에 쥔 채 죽으리'

기아나 권태와 싸워 이기면 끝인가?

이렇게 쉬고 있는 것은 피로와 싸우고 있는 것이 아닌가?

설령, 아무런 생각도 하지 않고 지금 잠이 들어 버린다 해도, 하루에 만 팔천 번 이상, 가는 날도 오는 날도 계속해서 호흡(呼吸)을 하면서, 여전히 스며드는 죽음과 싸우고 있는 것이다. '칼을 손에 쥔 채 죽으리'

그리고는 결국 패배한다.

이유(理由)

악예(樂藝)의 고향 오루혼의 동쪽, 가수(歌手)들의 고향, 고도(古都) 사로자래, 9각형 중앙 광장을 중심으로 방사상 구시가지(舊市街地), 광장으로 진입로 5개, 북쪽에 연안도로.

항구(港口)의 공기는 4천년을 거슬러 오래되었고, 벽과 길모퉁이에 스며든 노래 소리들, 그리고 아이들의 표정마저도 오래되었다.

도시의 어느 한 시절,
광장 한 구석의 좌석에, 노파(老婆) 하나가 매일 아침부터 저녁까지 머물렀었고, 주변의 어린아이들과 젊은이들은 노파를 보며 자랐다. 그리고 누구라도, 그가 당시에 이곳에 머물었던 여행자라면, 노파를 보았다.

회색 머리카락을 감싼 노란 색 두건(頭巾), 크고 요란한 귀걸이, 너더댓 겹의 알록달록한 싸구려 목걸이들, 독서용 안경, 엄지를 제외한 나머지 모든 손가락에 반지들, 두세 권의 책, 그리고 담배...... 노파는 하루 종일 술집 앞 탁상에 앉아 담배를 피우며 책을 읽다가, 어둠이 내리기 시작하여 광장을 둘러 싼 크고 작은 술집들이 장사 준비를 시작하면, 집으로 돌아갔다. 그리고, 그렇게 사로자래의 일부분이었다.

아무도, 하루 종일 광장에서 책을 읽으며 시간을 보내는 노파에 대해 관심을 갖지 않는 듯했고, 노파 또한 책을 읽는 것 말고는 관심이 없는 듯했지만, 그녀가 가끔 광장 술집에 나타나는 다른 노인들과 인사를 주고받기도 하는 것을 보면, 그 노파에 관해 알고 있는 사람들도 있는 듯했다.

노파가 하루 종일 읽고 있던 그 책들은 십중팔구, 도시에 하나밖에 없는 도서관에서 빌려온 것들이거나, 아니면 도시에 역시 하나밖에 없는 서점에서 사온 것들일 것이다. 그러나 사람들은, 이것저것 추측할 필요가 없었다. 노파에게 무슨 책을 읽고 있는 지를 물으면, 그녀는 책표지를 보여주며 제목을 읽어 주었기 때문이고, 왜 그런 책을 읽고 있는 지를 물으면, 달리 할 일이 없어 심심하기 때문이라고 대답해 주었기 때문이다.

사로자래 광장 주변에서 그 노파 이상으로 나이가 많은 노인들은 별로 많지 않았지만, 그들은 대개 그녀에 관해 알고 있었다. 노파가 젊었을 때 강간(强姦)을 당해 임신을 했는데도 낙태(落胎)를 하지 않고 기어이 아이를 낳아 키웠다는 사실도 알고 있었고, 그 아이가 자라 광장 주변 술집 중 하나에서 악사(樂士)로 일하기 시작했지만 스무 살 때 갑작스러운 병(病)으로 죽었다는 사실도 알고 있었다.

범인이 누군지도 몰랐고, 범인은 잡히지도 않았고, 어째서 낙태를 하지도 않았고, 어째서 아이가 죽을 때까지 키웠는지, 주변 사람들은 이해할 수가 없었고, 노파 본인도 당시에는 자기 자신을 이해를 할 수가 없었다.

일은 그렇게 되어 버렸는데도, 노파는 당시에, 자기도 모르겠다고 대답하는 수밖에 없었다.

그리고는 세월이 가고, 세월이 갔는데도 여전히, 오래 오래된 사로자래가 존재하고 있었고, 매일 아침마다 공을 들여 몸치장을 하고 외출한 노파가 광장에서 담배를 피우며 책을 읽고 있었다.

어떤 일이 있었던 간에, 노파도 결국은 다른 모든 사람들과 마찬가지로, 죽을 것이다. 다만, 누군가가 다시 그녀에게 그렇게 살아온 이유를 묻는다면, 그녀는 그녀 나름의 대답을 할 수 있게 되어 있었다. 말하자면, 뜨겁다는 관념(觀念)보다는 뜨겁다는 감각(感覺)이 더 강한 법이라고......

어떤 사람이 어째서 그런 행동을 했는지는 알 수 없을지 몰라도, 그리고 본인 자신도 그런 행동의 이유를 알 수 없을지 몰라도, 그래도 어쩌면 한 가지는 알 수 있을지 모른다.

뜨겁다는 생각보다도 뜨겁다는 감각이 언제나 더 뜨겁다는 사실을.

'뜨겁다'라고 아무리 생생하게 생각해 보려 해도, 정말로 뜨거운 것을 만졌을 때의 '뜨겁다'는 그 느낌보다는 강렬하지 않다는 사실을.

지렛대가 더 무거운 쪽으로 기울 듯, 더 강한 자극으로 반응하는 법이기 때문에, 머릿속에만 존재하는 과거와 미래는 현실만큼의 힘이 없고, 눈앞의 자극이란 것이 그렇게도 힘찬 것이기에, 자기 자신의 일조차도 마음먹은 대로 되지 않는다.

누군가가 어째서 그런 행동을 했느냐 하면, 그것은 단지, 더 큰 자극에 반응했기 때문인 것이며, 노파가 어째서 주변의 만류에도 불구하고, 강간으로 임신한 아이를 기어이 낳아서 길렀느냐면, 자신의 뱃속에서 꿈틀거리던 것이 그렇게도 힘찬 자극이었기 때문인 것이다.

사로자래는 그렇게 오래되었기 때문에, 노파는 대답을 가지고 있었다.

뜨겁다는 관념보다는 뜨겁다는 감각이 더 강한 법이라는……

인간(人間)

인간이
눈을 활짝 뜨고, 편견 없이, 보이는 대로만 이 세상을
마치 다른 세상의 외부자(外部者)인 것처럼 바라본다면,
곤충(昆蟲)이
사실 상 곤충들이 이 세상을
지배하고 있는 모습을 볼 터...... 비록 그것이
사실은 아닐 지라도.

인간이
눈을 활짝 뜨든 말든, 편견을 갖든 말든
눈에 보이지 않는 것까지 고려한다면,
미생물(微生物)이
그 어떤 편견을 갖고도 미생물들이
미생물들이 이 세상을
지배하고 있다는 사실을 깨달을 터......
먹이사슬의 정점에 서 있는 그 위대한 모습이
비록 보이지는 않을 지라도.

인간이
"아, 나도 원래 그저 미생물들의 먹이였구나!"

인간이
가짜 지배자 곤충들이......
인간이,
"다 원래 그저 미생물들의 먹이였구나!"

그러면 인간이
가슴은 감사의 마음으로 가득 차,
게다가, 먹이가 암컷과 수컷으로 나뉘어 있다는
그 교묘한 생산성(生産性)에 즐거워,

가슴은 감사의 마음으로 가득 차,
　인간이
미생물들의 복잡한 먹이 이외의 그 무엇도 아니라는
그 단순한 사실에 즐거워,
　"너는, 그래도 다른 무엇을 꿈꾸어라!"

　"그럼, 너는?"
　"나는……"

　그리고는 인간이
가슴은 감사의 마음으로 가득 차,
　"이루지 못한 꿈의 가치가 고작 어느 정도냐면,"
가슴은 그저 감사의 마음으로 가득 차,
　"살면서 남긴 후회의 가치가 고작 어느 정도냐면,"
가슴은 한없이 감사하는 마음으로 가득 차,
　"아직도 지고 있는 짐의 가치가 고작 어느 정도냐면,
아니,
　"먹이로서의 나의 가치가 어느 정도냐면,"
아니, 아니,
　"고작 미생물의 먹이일 리가 없을
너의 가치가 어느 정도냐면"

자살새

언제나 고통으로부터 도망치려고만 했으면서도 고통 이외에는 아무것도 발견할 수 없었던 남자.

비위가 약한 그 남자의 자멸(自滅)적인 머리에서 태어나, 단조롭고 획일적인 도피의 기억을 먹고 자라, 그 남자가 살충제를 책상 위에 올려놓는 순간 등뒤에서 나타난 새.

절망에의 갈망을 부풀리듯 날개를 퍼덕이며 나타난 그 새는 바로 나 자신이고, 나는

모든 고통은

아직까지도 자살하지 않은 죄값이다라고 노래한다.

남자는 살충제통을 유심히 살펴본다. <100:1의 비율로 물에 희석시켜 사용하십시오.>

살충제의 뚜껑을 여는 남자의 얼굴은 이 세상에서 가장 고통스러웠던 수많은 사람들의 얼굴을 닮았고, 살충제 뚜껑을 집어 든 그의 손은 이 세상에서 가장 자비로웠던 몇몇 사람들의 손을 닮았다.

그러니, 절망에 대한 희망으로 흐뭇한 나는 그 모습을 바라보며

모든 고통은

그렇게까지 해서 살아 있는 죄값이다라고 노래한다.

표정이 없는 그 남자는 책상 앞에 앉아 살충제를 바라보며, 벌레의 추억을 떠올린다.

살충제를 먹은 벌레는 경련을 일으켰고, 배를 위로 한 채 발버둥치기 시작하였다. 여섯 개나 되는 다리와 한 쌍의 더듬이를 떨게 했던 그 작고 더럽고 보잘것없는 고통. 남자는 그것을 바라보고 있었다.

그러나 그것은, 이루어지지 않는 희망에서 비롯된 고통과는 달리, 구원을 예고하는 유일한 고통이었고, 그랬기 때문에 남자는 몸부림치며 죽어가던 그 벌레를 흐뭇한 눈으로 바라

보며, 웃을 수 있었다. 그러니, 그 남자의 흐뭇한 기억을 흐뭇한 눈으로 바라보는 나는

구원이 있을 것이다라고 노래한다.

남자의 떨리는 자비로운 손은 살충제의 뚜껑을 쥐고 돌린다. 살기(殺氣)가 피어오른다.

뚜껑을 내려놓은 남자는 갑자기 놀라더니 표정이 없던 얼굴을 일그러뜨린다. 뚜껑을 쥐었던 손으로 자신의 코를 막는다. 그리고는 지독한 향기를 내뿜는 살충제를 노려본다.

남자는 한 손으로 코를 막은 채 천천히 숨을 들이쉰다. 살충제를 노려보며, 들인 숨을 내쉰다. 양손으로 살충제통을 잡는다. 눈을 감는다. 눈을 뜬다. 눈살을 찌푸린다. 살충제통을 든다. 그러나, 내려놓는다.

남자는 다시 한 손으로 코를 막고, 다른 한 손으로는 서둘러 뚜껑을 덮으며 말한다. **나는 벌레가 아니야.**

남자는 자리를 박차고 일어나 창문을 열고는 가쁘게 호흡한다. 들이쉰 숨은 점점 한숨이 되어 나오고, 남자의 손은 여전히 콧등을 문지르고 있다. 그리고, 고통밖에는 아무것도 모르는, 차라리 없는 것이 나을 뻔했던 그 남자는 여전히, 그렇게까지 해서 살아 있다.

창가에 선 남자는 다시 한숨을 내쉬며, 주위를 둘러본다. 그러자, 그 남자의 자기연민(自己憐憫)에 질린 나는 실망에

빠져

모든 문제는

경쾌하게 자살하지 못하기 때문에 일어난다고 노래한다.

예전에 이 방에는 <파란 독(毒)>이 있었다. 그리고 나의 노래는, 넋이 나간 듯 바닥에 주저앉은 이 남자로 하여금 그 <파란 독>의 기억을 되살리게 한다.

<파란 독>은 아름다웠다. 작고 투명한 유리병에 담긴 파란색을 바라보던 남자는, 그것을 구하기 위해 비굴하였다. 대략 여덟 번 정도 거짓말을 하였고, 보름치 생활비를 사용하였고, 법률을 위반하였다.

이 방에는 책도 있었고 옷도 있었지만, 남자는 <파란 독>만 남겨 놓고 모든 것을 버렸다. 그러나 끝내는 그 <파란 독>도 버렸다. 물에 흘려 보냈다.

하수구로 흘러가던 <파란 독>을 회상하는 남자에게 나는

자살은

언제 어디서나 절대적인 해결책이다라고 노래한다.

남자는 여전히 살아 있고, 이제 살충제 앞에서 살아 있다.

<파란 독>과 살충제 사이에는 고통이 있었고, 그 고통으로부터의 도피가 있었고, 그런데도 고통이 있다. 남자는 살아 있는 한 고통으로부터 도망치지 못하리라는 것을 안다. 자기 자신이 바로 고통이고, 고통은 바로 여기에 있다는 것을 알고

있다.

그러니, 고통이 여기에 살아 있는 한 고통은 여기에 살아 있다고 되뇌는 남자에게 나는

이제까지 그랬으니,

앞으로도 그럴 것이다라고 노래한다.

살충제는 여전히 책상 위에 있고, 살충제를 바라보는 남자는 자기연민에 치를 떤다. 오래 전 <파란 독>으로 없앨 수 있었던 고통은 이제까지 자기연민을 먹고 자랐다. 그러나, 살충제를 먹고 죽어가던 그 벌레조차도 자기연민만은 하지 않았다. 그 사실을 떠올린 남자는 **아악** 하고 소리치고, **아아** 하고 신음한다.

남자의 두 눈은 풀려 있고, 입은 벌어져 있다. 수치심에 넋을 잃은 남자의 두 손은 떨리고, 나는

지금 죽지 않는다고 해서,

결국 죽지 않는 것은 아니다라고 노래한다.

시간은 흐르고 남자는 여전히, 그렇게까지 해서 살아 있다. 남자는 여전히 여기에 앉아 있고, 고통 또한 그렇다.

남자는 웃는다. 남자는 자기 자신을 비웃고, 나는 기쁨의 날갯짓을 한다. 남자는 큰 소리로 웃기 시작하고, 나는 기쁨에 날뛴다. 미친 듯이 웃는 남자의 얼굴은 분노로 가득 차고, 나의 날갯짓은 환희로 가득 찬다.

남자의 분노는 나의 날갯짓에 증오심으로 바뀌고, 증오심은 나의 날갯짓에 남자를 향하고, 나는

죽여라라고 노래한다.

남자는 늘어져 앉은 채, 살충제를 마신 후에 격통(激痛)으로 일그러질 자신의 얼굴을 생각한다. 배를 움켜쥐고 나뒹굴 모습을 생각한다. 그리고는 여전히 늘어져 앉아, 여전히 그렇게까지 해서 살아 있다.

남자의 그런 모습을 바라보며 불안한 날갯짓을 하고 있는 나는 애써 동요를 감추며 단호한 목소리로,

자살은

신(神)이 생물에게 준 최고의 선물이다라고 노래한다.

같은 자세로 앉아 상상만 하고 있던 남자는 이제 스스로에게, 애당초 있지도 않은 <살아야 할 이유>를 계속해서 들이대고 있다.

남자의 저 비굴하기 그지없는 <살아야 할 이유>들은 나를 또 다시 실망시키고, 나의 아름다운 날갯짓과 자비로운 노래를 공허한 것으로 만들어 버린다.

이제 더 이상 날갯짓을 할 힘도 없는 나는 절망에의 반발력이라도 빌어 보려 하지만,

노래는 목구멍을 넘지 못한다.

어느 새 남자는 살충제통을 들고 하수구로 향한다. 남자는 이내, <파란 독>을 흘려 버렸던 그 자리에, 물과 함께 살충제를 흘려 보낸다.

나에게는 이제 또 다시, 이 남자의 시시한 고통과 그 고통으로부터의 단조롭고 획일적인 도피의 기억만이 남겨질 것이다. 그러니, 희망에 대한 절망으로 괴로운 나는 남자의 등뒤에서 사라지기 전, 저주의 노래를 잊지 않는다.

너는 죽기 전까지,

그렇게까지 해서라도 살아 있을 것이다.

나락으로 단선율(單旋律)

회색 하늘
왼쪽으로 검은 바다, 오른쪽에 하얀 땅
땅과 바다를 섞어 놓은
회색 하늘, 회색 하늘
삼면(三面)의 경계를 걸어
나락으로 나락으로

한 번 더 회색 하늘
검은 바다, 하얀 땅
다시, 삼면의 경계를 걸어
나락으로 나락으로

"과장님! 재고 결제 안 해 놓으시면, 저희들 다음 작업 못 합니다"라는 바람 소리를 듣고,
"알았어요"라고 대답하고
또 다시 삼면의 경계를 걸어 나락으로
나락으로......

그러고 보니,
요리사 골도에게 누군가가
"골도! 인생이란 뭔가?" 하고 물었더니
회심의 미소를 지은 골도
자랑스럽게 냉동고 문을 열어젖히고는
그 안의 고깃덩어리들을 가리키며
"서서히 죽든가, 아니면 갑자기 죽든가"
그러자 사람들은
"무슨 헛소리야!" "죽어라, 골도!" "지옥에나" 등등, 등등
갑자기 정색을 한 골도, 거만한 표정을 지으며
"내가 오루혼 항(港)에서, 죽어 있는 거지한테 물어봤거든,
인생에 도대체 무슨 의미가 있었냐고 말이야. 그랬더니,

대답 한 마디 못하더군!"

회색 하늘에는,
회색 하늘 이외에 아무것도 없고
검은 바다에는, 검은 바다 이외에 아무것도 없고
그리고 하얀 땅에도 하얀 땅 이외에는 아무것도 없고
삼면과 삼면의 경계 이외에는 아무것도 없고,
음……
나락으로 나락으로

보아하니, 그래도
착란(錯亂)과 착종(錯綜)과 술안개 속에서 되풀이되던
'짐승이니까 인간 대우를 해 달라고 억지를 부리는 것인데도 그것을 질책하는 무지'도 없고
'신사용(紳士用) 화장실과 숙녀용(淑女用) 화장실을 아무 거리낌 없이 사용하는 후안무치'도 없고
'성인(聖人)으로 인정받을 때까지는 도저히 멈출 것 같지 않은 자기정당화'도 없고,
영원히 살아갈 사람들에게나 필요한 희망도 없고
죽어갈 사람들에게 필요한, 그러므로 우리 모두에게 필요한, 위안도 없고

회색 하늘과

검은 바다와 하얀 땅 사이를 걸어 나락으로 나락으로
　회색 하늘, 검은 바다, 하얀 땅의
소실점(消失點)을 향해
　"과장님! 재고를 세어 보지도 않고 결제해 버리시면 어떻게 해요!"
나락으로
　"……나중에, 내가 책임질게요"
나락으로 나락으로

　여전히 (좋아!)
회색 하늘
검은 바다, 하얀 땅, 검은 점(點)
…… 검은 점?
다시, 다시!

　나락으로 회색 하늘,
나락으로 검은 바다,
나락으로 하얀 땅…… 하얀 땅 위에, 검은 점
　검은 점을 바라보며 나락으로 나락으로?
……뭐지, 점점 가까이 다가오는 저 검은 점은?

　회색 하늘, 검은 바다, 하얀 땅, 마법사(魔法師), 젠장!

(이런, 젠장!) ......뭡니까?

......나는 마법사요!

나는 당신의 눈을 속여, 회색 하늘을 푸른 하늘로 바꿀 수 있고
검은 바다를 푸른 바다로 바꿀 수 있고
하얀 땅도 푸른 땅으로 바꿔 드릴 수 있소

나는 두건(頭巾)으로 얼굴을 반쯤 가린 마법사요!
나는 당신의 눈을 속여, 푸른 하늘을 아름다운 날짐승과 그 노랫소리로 채울 수 있고
푸른 바다를 기름이 오른 물짐승 떼로 채울 수 있고
푸른 땅을 꽃과 곡식과 과일나무로 채워 드릴 수 있소.

(당신의 눈을 속여?) 당신의 눈을 속여?

그렇소...... 나는 마법사요!
나는 마법사이지만, 영원히 계속되는 것은 없는 법이기 때문에 당신의 눈을 속여,
푸른 하늘에 햇빛으로 생명의 온갖 모습을 비추어 낼 수 있고,
영원한 것은 없는 법이기 때문에 당신의 눈을 속여
푸른 바다 속에서 생명의 폭발을 일으킬 수 있고,
물질조차 영원하지 못해 힘으로 변하고, 힘 또한 언젠가는 물

질로 변하는 법이기 때문에 일단 당신의 눈을 속여
푸른 땅 위에 살이 오른 생명들을 뛰어다니게 할 수 있소.

어쩐지 별로 설득력이 없다.

더군다나, 마치 거울을 보듯, 나 하고 완전히 똑같은 얼굴을 하고 나타나 그런 소리를 하니, 더더욱 설득력이 없다. 그래서 그냥,

푸른 하늘과 푸른 바다와 푸른 땅 사이를 걸어
나락으로 나락으로

다시,
회색 하늘과 검은 바다와 하얀 땅 사이를 걸어
나락으로 나락으로......

(아, 젠장!) 또 뭡니까?

나는 마법사요! 나는 두건을 벗어 버린 마법사요!
지금만 푸른 하늘과 예감뿐인 생명, 빛나는 환영과 덧없는 쾌락, 부실한 영원의 약속...... 다들 알면서도 속아 주는 것이오.

그런 것들을 빼고 나면 달리 아무것도 남지 않기 때문에, 다들 알면서도 기꺼이 속아 주는 것뿐이오.

물론, 몰라서 속기도 하겠지만,
안다 한들, 달리 별 수가 없지 않소?

그런데도 당신은,

그 조잡한 희극(喜劇)이 끝날 때까지, 아무것도 없는 곳으로 걸어가기만 할 것이오?

나락으로 나락으로?

(희극? 무슨 희극?) 희극?

당신의 인생 말이오!

하하하하! 회색 하늘
왼쪽으로 검은 바다, 오른쪽에 하얀 땅
땅과 바다를 섞어
회색 하늘, 회색 하늘
삼면의 경계를 걸어
나락으로 나락으로

또 다시 회색 하늘
검은 바다, 하얀 땅, 그리고 나는 인간이오!
나는 더 큰 자극에 이끌릴 수밖에 없는 인간이오!
나는 더 큰 이득을 향해 갈 수밖에 없는 인간이오!
나는 궁극적이고 최종적으로 더 큰 쾌락을 쫓을 수밖에 없는 인간이오!
그래서
나락으로 나락으로

불모(不毛)의 경계를 걸어
나락으로 나락으로

"과장님!"
아, 오늘따라 바람이 몹시 부는구나!
나락으로 나락으로
"과장님!!!"
나락으로 나락으로......

권태의 탑

괜히 너무 일찍 깨었다 싶더니, 두통이 찾아왔다. 서서히 시작되었지만, 이내 대단한 통증으로 바뀌었다. 숨을 쉴 때마다, 발걸음을 옮길 때마다, 머리통을 쥐어짜는 듯했다.

집에 진통제가 없다는 사실은 알고 있었지만, 그래도 혹시나 싶어서 여기저기 뒤져 보았다. 담배를 피워 보았지만, 달라진 것은 없었다. 아니, 오히려 통증이 더 심해진 것 같았다. 아니...... 담배와 상관없이, 어차피 점점 더 심해졌을 것이다.

새벽 시간에 진통제를 살만한 곳은 없지만, 그래도 사무실에는 진통제가 있다. 이런 무의미한 통증을 참고 기다리느니, 차라리 너무 일찍 출근하는 쪽이 낫겠다 싶어서, 그렇게 했다. 의외로, 자동차의 진동 때문에 통증이 심해지거나 하지는 않았다.

진통제를 삼키자, 얼마 지나지 않아서 두통은 사라졌다. 담배를 피우며 기다려 보았지만, 다시 두통이 시작되거나 하지는 않았다. 진통제는 잘 들었다.

일을 하려고 일찍 나온 것이 아니었기 때문에, 자리에 등을 대고 멍하게 앉아 있었다. 만약 잠이 오면, 그대로 업무 시작 시간까지 잘 생각이었다.

그러나 결국 잠은 오지 않았고, 이 일 저 일 생각하다가 달력에서 날짜를 확인해 보았다. 유난히 익숙한 날짜였다. 날짜에 의하면, 내가 태어난 지 정확히 31년째가 되는 날이었다.

할 일은 있었지만, 할 생각은 없었기 때문에, 이 생각 저 생각 해 보았다. 31년 살아서 뭐가 어쨌다는 것인가?

어린아이가 아니기 때문에, 살아온 인생에 남은 것이 아무것도 없다 하더라도 불만을 갖거나 하지는 않을 터였다. 살아갈 인생에 기대할 것이 아무것도 없다 하더라도 마찬가지였다. 서른한 살은, 어린아이가 아니다.

어쨌든, 지난 31년 동안 잠만 자고 있던 것은 아니었기 때문에, 몇 가지 떠오른 것들이 있었다. 이제까지, 건축 설계 기술을 익혀왔고, 특히 주로 창고 설계를 담당한다. 냉동 창고, 연료 창고, 자재 창고...... 어떤 종류의 창고라도, 건축 법규, 안전 법규, 소비자 요구에 맞추어 설계할 수 있는 기술이 있다. 그리고, 앞으로의 계획은 없다.

생각해 보니, 한 가지 더 있었다. 병(病).

증상을 얘기하니, 의사는 그런 것은 솔직히 들어 본 적이 없다고 했다. 그리고는, 안심시키려는 의도에서인지, 이렇게 말했다. "일상생활에 지장을 초래하지 않는다면, 그것은 병이라고 정(定)하지 않습니다."

훌륭한 말이라고 생각했다. 이따금씩 환각(幻覺)을 보는 정도라면, 그것은 일상생활에 지장을 초래하지는 않는다. 진통제조차 필요 없다.

"세상에는 귀신을 봤다고 주장하는 사람들도 많이 있다는 것은 아시죠?"

의사는, 그 환각이 보행 중이나 운전 중에 일어나는지를 몇 차례 확인하고는, 처방을 주었다. "일단 한동안 푹 쉬어 보세요."

그것이 훌륭한 처방인지 어떤지는 여전히 모르겠다.

땅의 기울어진 부분을 한참 보고 있으면, 그 경사를 따라서 물이 한 줄기 흐른다. 그것은 강(江)이다. 그것이 강이라는 사실을 어떻게 아느냐면, 강 옆으로 도로가 나타나고, 도로 주변에는 건물들이 하나씩 보이기 시작하기 때문이다. 강 위에 걸쳐 있는 다리로는 자동차들도 지나다니고, 결국 하나의 마을이 만들어진다.

환각이 처음으로 나타난 것은 대략 1년 전이고, 이제까지 20번 이상 본 것 같은데, 내용은 아직까지 변함이 없다. 기울어진 땅 위에 강이 흐르고, 자동차들과 건물들이 보이고, 하나의 작은 마을이 만들어진다는 것뿐.

덧붙이자면, 거기에서 사람의 모습은 본 적이 없고, 그래서인지 마을에는 별다른 일이 일어나지 않는다. 강줄기나 건물의 모양은 그때그때 바뀌고, 그에 따라 마을의 전체 모습도 바뀌지만, 언제나 여전히 평화로운 마을일 뿐이다. 주위를 다른 곳으로 돌리면 마을은 사라지고, 환각도 끝난다.

이 환각에서 별다른 해(害)를 발견하지도 못했고, 이런 환각에 별다른 해가 있을 것 같지도 않지만, 그렇다고 그것을 정상(正常)이라고 생각하는 것은 아니다. 환각을 본다는 사실 자체가 싫다고 느낀 적도 없고, 오히려 재미있다고 느끼기도 하지만, 원인을 모른다는 점이 마음에 걸린다.

다만, 일이 끝나고 퇴근하면 언제나 푹 쉬기 때문에, 더 이상 뭘 해 볼 방법이 없다. 워낙에 과도한 업무량 따위랑은

거리가 멀고, 휴가 따위를 신청할 필요성도 전혀 못 느낀다. 통증을 없애 주는 진통제처럼, 환각을 없애 주는 약이 있다면 기꺼이 복용하겠지만, 처방은 그저 푹 쉬라는 말뿐.

이제까지, 만약 귀신을 보게 된다면 우선 이름을 물어볼 것이라고 생각해왔고, 지금도 그렇다. "죄송하지만, 일단 이름부터 알려주세요!" 그러나, 갑자기 강물이 흐르기 시작하고 건물이 들어서면서 마을을 이루는 장면은 좀 한심하다. 그 뒷일이 없다. 그 다음이 없다.

차라리, 31년에 걸쳐 누구라도 들어봤음직한 흔한 병을 하나 얻었다면, 그것을 딱히 이상한 일이라고 생각하지도 않고, 얼마든지 납득할 것이다. 물론 그것이 좋다는 것은 아니지만, 최소한, 납득은 할 수 있을 것이다.

친구들은 더 간단한 답을 내 놓았다. 경사진 땅 위에 갑자기 마을이 생성되는 환각을 경험하는 이유는, 내가 건축기사(建築技士)이기 때문이다. 그러면 대체 '왜' 환각을 경험하느냐? 그것은 내가 건축을 몹시 하고 싶어 하기 때문이다...... 그럴듯하기는 하기는 하지만, 아무래도 납득하기에는 뭔가가 좀 모자란 듯하다.

아무런 낙도 즐거움도 없이, 가는 날도 오는 날도, 하는 일이라고는 오직 일밖에 없어서, 어느 날 바보가 되어 버렸고, 그래서 그런 환각을 보는 것일지도 모른다고 의심했던 친구도 있었다. 그리고 그가, <권태의 탑>을 보고 나면 생각이 달라질 것이라고 권유하는 바람에, 실제로 그것을 함께 보고 오기도 했다.

과연, 거대한 감동이 밀려왔었다. 그것은 실로, 엄청났다. 도대체 얼마나 권태로웠으면, 그런 것을 만들 생각을 했을까! 격자(格子), 목조(木彫), 섬사(纖絲), 채색(彩色), 그런 것들을 모두 아우르는 엄청난, 실로 엄청난 세공(細工). 기단(基壇)에서 13개 층까지 전부 분리가 되고, 각 단은 다시 9부(部)로 분리되기 때문에, 탑의 모든 부분이 각각 따로따로 끝없이 한없이 개량될 수가 있다. 제작의 끝이 없는 것이다.

그것을 보게 되면, 누구라도 생각이 달라지지 않을 수 없을 것이다. 누구라도 더 이상, 심심하다거나, 권태롭다고 칭얼대지는 못할 것이다.

그러나, 문제는 <권태의 탑>이 너무 압도적이라는 데에 있었다. 그것을 보고 그저 놀랄 뿐이지, 그것 비슷한 것을 흉내 내 볼 엄두조차 나지 않는 것이었다. 그것은 권태를 즐거움으로 채우려는 시도가 아니라, 권태를 고통으로 채워가는 과정으로 보였다.

생각해 보면, <권태의 탑>을 만들었던 사람은 아직 세상을 모르는 어린아이가 아니었기 때문에, 인간에게서 고통을 빼고 나면, 공허밖에 남지 않는다는 사실을 너무나 잘 알고 있었는지도 모른다.

즐거움이란 고통이 정지된 충격으로 나타나는 일시적인 상태이지, 그것 자체가 실체는 아니다. 고통의 성질은 그것이 지속된다는 것이고, 즐거움의 성질은 그것이 금방 사라져 버린다는 것이라는, 그 사실이 바로 증거이다.

그렇기 때문에, 아직 세상을 잘 모르는 어린아이가 아니라면, 저절로, 고통 아니면 권태라는 양자택일을 강요당하게 되는 것인지도 모른다. 즐거움이란 어린아이들의 것이지, 서른도 넘은 사람들의 것이 아닌 것이다. 여전히 뭔가가 정말로 즐거운가? 설마 그럴 리가......

그래도, 새로운 시도를 전혀 안 해 본 것은 아니다. 한 친구의 권유로, 이륜자동차(二輪自動車)를 구입했다. 구체적으로 어딘가를 가기 위한 것이 아니라, 순전히 운행 자체를 즐겨 보려는 것이 목적이었다......

돌이켜 생각해 보니, 처음에는 그것이 대성공이라고 생각했었다. 세상에 이렇게 좋은 것이 있다는 것을 왜 몰랐을까 하고 생각한 적도 있었다. 최소한 한 동안은 그랬다.

기본적인 운전 기술을 익히기 위해 구입했던 초보용 이륜자동차를 운전했을 때는, 무엇 때문에 이런 것을 타는 것인지, 뭐가 좋은 건지, 도통 감이 오지 않았지만, 이륜자동차 잡지에 씌어 있던 기준에 맞추어 새로 구입한 차량을 운전해 보자, 바로 감이 왔다.

가장 기본적으로 차량의 무게와 출력이, 자신의 육체가 감당할 수 있을 것이라는 정도를 넘어서야 했다. 그래야만 비로소, 자신이 차량을 운전한다는 느낌이 아니라, 자신이 차량에 매달려 간다는 느낌이 들고, 그래야만 비로소 자기 자신의 무게와 힘과 속력을 증폭시킨다는 그 느낌이 든다. 자신의 다리로 전력 질주할 때의 쾌감을, 기계를 사용하여, 강제로 증폭시키는 것이다.

그것은, 바퀴가 네 개 달려 있는 자동차에 타고 있을 때의 느낌과는 완전히 별개의 느낌이다. 사륜자동차는 차량이 아무리 무거워도 그 중량감을 거의 느낄 수 없는 반면에, 이륜자동차는 차량의 중량과 자신의 몸무게를 합쳐서 균형을 잡아야만 하기 때문에, 싫어도 그 중량감을 온몸으로 느낄 수밖에 없다. 자신의 몸무게가 위험할 정도로 무거워지는 것을 느끼게 되는 것이다.

더욱이, 이륜자동차의 구조 상, 원동기의 고동(鼓動)이 자신의 온몸으로 직접 전해지기 때문에, 감당할 수 없을 것 같은 큰 힘이, 자신의 신경과 힘줄과 근육에 직접 이어져 있는 것만 같은 느낌이 든다. 그런 데에다가, 사륜자동차와는 달리 바람막이가 없기 때문에, 바람의 저항에 비례하여 증가하는 속도감을, 온몸으로 느낀다.

그것은 단순히 바퀴 개수의 차이가 아니다. 사륜자동차는 자신이 타고 있는 차량을 운전하는 것이지만, 이륜자동차는 자신과 차량이 한 덩어리가 된다. 즉, 자기 자신이 질주하는 것이다. 사륜자동차의 배기음(排氣音)은 소음이지만, 이륜자동차의 배기음은, 포효(咆哮)인 것이다.

차량 운행이 거의 없는 새벽 시간, 오루혼 연안도로나 순환도로를 전속력으로 질주하고 나면, 이륜자동차에서 내리고 난 다음에도 한 동안 흥분이 가라앉지 않을 정도였다.

그러나, 그런 모든 것들이 단순한 즐거움이 아니라는 사실을 차츰차츰 확실하게 알게 되어갔다. 그것은, 권태의 자리를 채우는 즐거움이 아니라, 권태를 단숨에 끝내 버릴 수도 있다는 기대감이었던 것이다.

처음에는, 이륜자동차로 질주하던 중에 내가 본 그것이, 그때까지 한 번도 본 적이 없는 샛길이라고만 생각했었다. 그런데, 그것은 물론, 이상한 일이었다. 고가도로(高架道路)에서 위로 더 올라가는 샛길이라니!

곡선도로에서 딱 한 번, 직진해서 그런 샛길로 따라 들어갈 뻔하고는 섬뜩해진 적도 있었다. 그러나, 몇 번이고 반복해서 그런 샛길을 보고 나서는, 결국 알게 되었다.

샛길들은 모두, 다름 아닌, 나의 환각들이었다. 샛길의 입구가 모두 똑같이 생겼었던 것이다.

이륜자동차로 질주하면서 실제로는 존재하지도 않는 샛길로 들어가 버린다는 것은, 결과가 너무나 뻔한 일이었고, 보행 중이나 운전 중에 일어나는 환각은 일상생활에 지장을 주는 증상, 즉 그것은 질병이기 때문에, 나는 이륜자동차의 운전을 그만 두었다.

어쩌면, 나 자신이 기계에 의해 증폭되었거나 혹은 증폭되었다고 믿게 되었기 때문에, 평소에는 생각지도 않는 일이, 평소에는 엄두도 나지 않는 일이, 머릿속에 떠오르게 되었던 것인지도 모른다.

어쨌거나 그것은, 다른 즐거움들과 마찬가지로, 처음에는 즐거울 것 같았지만 결국에는 즐겁지 않은, 그런 것이었다. 계속할 이유가 없었던 것이다……

오늘은, 내가 태어난 지 정확히 31년째가 되는 날이다. 그런데, 앞으로는 어떻게 될 지, 앞으로 무엇이 나타날 지, 모르겠다. 전혀 짐작이 가지 않는다.

만약, 대낮에 사륜자동차를 운전할 때도 샛길의 환각이 나타나게 되면, 아마도 사륜자동차의 운전마저도 그만 두어야 할 것이다. 그렇지만, 그 다음은 또 어떻게 되는 것인가?

기울어진 땅에서 마을이 생겨나는 그 환각이 무엇을 의미하는지도 여전히 모르겠다. 계속해서 생각하면 두통만 생긴다.

알마가마실호(湖)에 대한 비배타적 조망권

이름이 밝혀질 이유도, 필요도 없는 그는, 이해득실에 민감한 사람이었다. 그는 상인(商人)이었고, 어느 날, 알마가마실호에 대한 자신의 비배타적(非排他的) 조망권(眺望權)을 위조하기 시작하였다.

왜냐하면, 그는 이해득실에 특히 민감한 상인이었고, 그래서 건강이나 돈 따위는 결국 남는 장사가 아니라는 사실을 잘 알고 있었기 때문이다...... 신체는 일회용일 뿐이고, 남긴

돈은 결국 남의 돈일 뿐이라는 간단한 결론, 그리고 또 다른 이권(利權).

그는 마지막 거래를 마치고 돌아오는 길에, 일부러 우회해 호수에 들렀고, 자동차의 운전석에서 호수를 바라보며, 담배를 피우며, 생각을 정리했다.

이제 은퇴가 가능한 재정 상태
가구 제작 4년과 가구 거래 31년 그리고 그 결과
수석 도안가(圖案家)에게 사업을 인계할 계획
수제(手製) 가구의 품질을 유지하는 데에는 도안가 자신이 사업을 총괄하는 것보다 좋은 방법이 없다는 확신......

권리의 위조는, 소유권을 비롯한 각종 권리의 근거를 따져보고 난 다음의 결과였다.

이를테면, 누군가가 뭔가를 소유한다는 권리의 근거를 따져보라. 그 어떤 권리도 처음에는 단순한 '강탈'에서 시작해서, 결국은 '아직까지 강탈당하지 않았다'로 끝난다. 그 이외의 근거들 중에서 도대체 쓴웃음을 자아내지 않는 것이 하나라도 있던가. <신>이나 <하늘>을 들먹이지 않고 피해가는 것들 중에도, 결국 웃지 않을 수 없는 근거 따위는 하나도 없다. 남은 것은 여전히, 오직 '다른 강탈에 저항해서 막아냈다'는 근거뿐......

그래서 그가 착안한 방법은, 권리를 명시할 새로운 언어를 만들어 내는 것이었다.

새로운 언어와 그 언어를 표기할 새로운 문자 체계...... 이것이 사실 상, 모든 일의 핵심이었다.

누구든, 이것을 한 번 시도해 볼 일이다. 왜냐하면, 누구든지 간에 이것을 실제로 시도해 봤다면, 흔하디흔한 호수 하나에 대해 남을 배제하지 않고 바라다볼 수 있는 권리 따위, 기꺼이 줘 버리고 말리라는 기분이 들 것이기 때문이다.

그러나, 새로운 땅을 발견하고 그것을 경작해서 오랜 세월 동안 활용해왔다는 것이 절대로 소유권의 근거가 될 수 없듯이, 소유권을 명시할 새로운 언어 체계를 만들어 내는 노력 또한 소유권의 근거가 될 수는 없다.

모든 일의 핵심은, 새로운 언어를 사용하기 때문에, 완벽한 위조(僞造)가 가능하다는 점이다.

이것은 이를테면, 농경지를 호수로 보이게 속인 다음 그 호수에서 농작물을 거두어들이는 것과 같다고 할 수 있다.

언어 체계가 해독되지 않는 한, 반박도 강탈도 불가능하다.

그런데, 위조한 권리를 명시할 22개 조항에 적절한 언어라는 것이 따로 존재할 수 있을까?

일단 <앞>, <뒤>, <위>, <아래> 등의 개념들로 의미소(意味素)를 만들고, 의미소를 결합해서 하나의 단어를 만들고, 만들어 낸 단어를 표시할 표의문자(表意文字)와 표음문자(표音文字)를 지정하고, 거기에 하나씩 음소(音素)를 첨가하고...... 만약 이것만 가능하다면 나머지는 비교적 수월한 일들뿐.

그는, 결국에 자신이 조망권의 위조를 완성하게 되면, 권리를 명시한 22개 조항을 암기해서, 호수에 매일매일 찾아와, 그 앞에서 암송할 것이라는 막연한 희망을 가졌다.

사실, 그는 위조 작업에 도대체 얼마의 시간이 걸릴 지 전혀 가늠을 할 수 없었다. 작업을 포기하지 않고 완수할 수 있을 지 없을 지도 알 수가 없었다.

그럼에도 불구하고 그는 위조 작업을 희망하였다. 이해득실을 아무리 따져 보아도, 최소한 그에게는 그것보다 더 나아 보이는 것이 없었기 때문이었다. 상인으로서의 이해득실을 아무리 따져 보아도, 알마가마실호에 대한 비배타적 조망권보다 더 이득이 되는 것이 없어 보였기 때문이었다.

알마가마실호는 인근 농경지에 물을 대기 위해 조성된 인공호(人工湖)이다.

화학적(化學的)

살생의 안개 속에서 절망의 노래라도 들려오더냐? 아니면, 하다못해 간수(看守)가 지나가는 소리라도 들었느냐?

잉개여! 네가 해야 할 일은, 창살 밖의 동태를 파악하는 것 따위가 아니라, 감옥에서 나온 다음에 가야 할 길을 결정하는 것이다.

너를 심문하고, 너의 죄를 명시하고, 처벌을 선고한, 감찰관의 표정을 너도 분명히 보았겠지?

감찰관이, 너 같은 스물다섯 살짜리 젊은이에게 '악뻥'이라는 존칭(尊稱)을 빼먹지 않고 붙여 불렀던 것은, 네가 황제로부터 악뻥 칭호를 하사받았고, 악뻥 칭호를 받은 자에게는 그 칭호를 붙여 부르는 것이, 법이기 때문이다.

잉개악뻥, 황제로부터 공(功)을 인정받은 명예로운 병사(兵士), 그것이 바로 너다.

그런데, 악기장인(樂器匠人)들과 악사(樂士)들 사이에서 악기나 들고 왔다갔다하는 꼴이 다 뭐라는 말이냐!

"나는 악기상인(樂器商人)다, 그리고 앞으로 최고의 악기상인이 될 것이다."

과연 그런가?

날아다니는 총알이 무서워서, 악기공방(樂器工房)으로 다시 숨어들어 간 것뿐이지 않느냐. 그나마 그것도 애당초, 고아원에서 쫓겨나, 갈 곳이 없어서 들어갔던 공방이지 않느냐.

"나는 악기를 그저 팔기만 하는 악기상인 아니다. 나는 새로운 수요(需要)를 만들어 낼 역량을 지닌 악기상인이다."

그런 것을 바로, 변명이라고 하는 것이다.

없는 수요까지 만들어 내어 공급을 함으로써 이득을 챙긴다는 수법은, 네가 보급부대에서 배우고 익힌 짓이다.

너는 지금 그저, 눈앞을 왔다갔다하는 죽음이 두려운 것뿐이고, 더 이상 그런 두려움에 맞설 배짱이 없는 것이다.

전쟁이 끝났다는 사실을 핑계 삼아, 두려움 뒤로 숨고는, 변명을 늘어놓는 것뿐이다.

만약, 네가 정말로 악기상인이 되기를 원하는 것이라면, 이 추태(醜態)는 다 뭐라고 변명할 것이냐.

황제에게서 이름을 하사받은 자가, 길거리에서 고작 열네 살짜리 계집아이에게 주먹질을 하고는, 얼굴뼈를 함몰시켰다는 죄로 처벌받아, 이런 곳에 처박혀 있는 꼴이 다 뭐라는 말이냐.

감찰관에게, 네가 네 입으로 밝히지 않았느냐. 그 계집아이가 어떤 욕지거리를 한 것인지도 확실치 않고, 그것이 너를 향해 한 것인지도 확실치 않다고 말이다.

그러니 사실은, 너 자신에게 불만스러웠던 것이다. 앞으로 죽을 때까지 악기상인을 핑계 삼아 살아가야 할지도 모른다는 사실이 불만스러웠던 것이다.

적(敵)의 사령관이 혀를 물어 자결하려 했던 급박한 상황에서, 빠른 판단과 과감한 행동으로 적 병사들 사이를 민첩하게 뚫고 달려들어, 입 속에 손을 처넣고, 손이 잘려나갈 듯한 고통을 참아내며, 끝내는 자결을 저지하고, 적 사령관을 생포함으로써 향후의 대단한 전시효과(展示效果)를 확보해 내어, 이후의 전황(戰況)을 유리하게 이끌어 내고, 그럼으로써 결과적으로, 손실이 예상되었던 아군의 수많은 생명을 살려 내었기에, 그 공(功)을 인정받아, 황제로부터 손수 이름을 하사받았던, 그 영광의 순간.

그런 영광의 순간은, 이제 다시는, 죽을 때까지 다시는 오지 않을 것이라는 사실이 불만스러웠던 것이다.

"아무리 그렇다 해도, 전쟁은 이미 끝나 버렸다. 아무리 그렇다 해도, 이제 할 일이라고는 악기를 파는 일밖에 없다."

오, 잉개여! 그것이 과연 변명이 될 수 있는 지, 지금 이 감옥 안에서 잘 생각해 보아라.

황제는 승리했고, 종전을 선언했다. 너는 영광 속에서 고향으로 돌아왔고, 전쟁이 없는 상황 속에서, 어쩔 수 없이, 다시 악기상인이 되려 하고 있었다. 그것은 사실이다.

그런데, 그러던 어느 날, 장군(將軍)의 밀사(密使)가 너를 찾아왔었다.

그것이 무엇을 의미하는 지, 너도 잘 알지 않는가!

전쟁은 여전히 존재한다. 황제가 선언한 전쟁은 끝났지만, 어딘가에 전쟁은 존재한다. 지금이 아니라면 최소한 가까운 시일 내에 다시 존재하게 될 것이다.

그리고 너는 그 사실을 느끼고 있다. 비록 그 사실을 확인할 수는 없다 할지라도, 너는 분명히 느끼고 있다. 만약, 그렇지 않다면, 너는 지금 여기에 이렇고 있지 않았을 것이다.

장군이 보낸 밀사의 눈빛, 그 위험한 눈빛,

'지금 여기에 살아 있다'고 자신 있게 말하고 있는 그 눈빛을 기억하겠지.

장군이 병사들을 소집하고 있다고, 밀사는 말했다.

장군이 황제군의 퇴역병들 중에서 인재(人材)를 선발하고 있다고, 밀사는 그렇게 말했다.

잉개여! 기억을 잘 더듬어 보아라.

장군이 잉개악뻥 바로 너에게 종군(從軍)을 권유한다고, 밀사는 분명히 그렇게 말했다.

그런데, 너는 즉시 장군의 종군 권유를 거절했다. 기회를 스스로 거절했다.

밀사는, 다시 잘 생각해 보고, 만약 생각이 바뀌면, 연락을 해 달라고 연락처를 남기고 떠났다.

장군의 밀사가 나타나 조심스럽게 장군의 권유를 전하자

마자, 너의 머릿속에 가장 먼저 들어온 생각은, 두려움이었다.

전쟁 중 보급부대에서의 4년 동안 겪었던 모든 일들이, 다시 반복될까봐 두려웠던 것이다.

총성(銃聲)이나 포성(砲聲)이 전혀 들리지 않고, 매일매일 목욕할 수 있는 쾌적한 생활을 잃을까봐 두려웠던 것이다.

너는 두려움 때문에 돌아가지 못하는 것이었고, 그것 자체가 불만이었고, 너 자신에게 불만을 가졌던 것이다.

그리고 그 불만은 점점 증폭되고 고조되었고, 끝내는 울분(鬱憤)이 송곳처럼 머리를 찔렀고, 길거리에서 고작 계집아이를 공격해서 상해를 가했다는 죄로, 이런 곳에 처박히게 되었다……

그러나 잉개여! 잘 생각해 보아라.

이것은 오히려 기회이다. 이제부터 잘 생각해 보아야 한다. 너 자신의 목소리에 귀를 기울여야 한다. 이곳에서 나간 다음에 걸어 갈 길을 결정해야 한다.

음악이 감정을 모사(模寫)한다는 주장으로 시작하는, 음악의 형이상학을 네가 악사들 앞에서 떠벌릴 때, 으뜸음의 안정에서 주제 선율이 펼쳐지다가 다시 으뜸음의 안정으로 되돌아가는 과정을 묘사할 때, 그럴 때마다 그들이 무엇을 쳐다보고 있었는지, 너도 잘 알고 있겠지?

그들이 매번 쳐다보던 것은, 적 사령관의 이빨로 뭉개진, 네 오른손에서 빛나고 있는, 그 영광의 상처였다.

그들도 알고 있다. 음악이나 예술 따위는, 고작 모사를 하는 것들이다. 이를테면 네가 이루었던 행동을 모사하고, 네가 느꼈을 감정을 모사하고, 너의 빛나는 영광을, 고작 모사하는 것뿐이다.

잉개는 악삥이다.

그런데, 네가 하고 있는 짓들을 생각해 보라.

너의 불만은 당연한 것이다.

네 말 대로라면, 너의 그 장황한 음악의 형이상학에 따르면, 감정을 고조시키는 가장 효율적인 방법은, 변주곡(變奏曲) 형식의 사용이다.

주제 선율을 심어 놓고, 반복함으로써 기억시켜 놓고, 그것을 조금씩 조금씩 변형시키고 발전시킴으로써 감정을 차츰 차츰 고조시켜가다가, 긴장이 풀어지기 바로 직전을 노려서, 가장 큰 음량과 가장 팽팽한 긴장과 가장 과감한 과장으로, 감정을 절정으로 밀어 올린다......

이제, 네가 기억하는 연주들 중에서 가장 감동적인 절정을 떠올려 보아라. 그리고 그것을, 보급품 수송 중에 적의 기습을 받았을 때의 너의 감정과 비교해 보아라.

기습을 알리는 폭발음과 연이은 총성이 울리기 시작하면, 너의 심장은 이제 곧이라도 터질 듯이 고동치기 시작하고, 온몸의 피가 거꾸로 돌기 시작하고, 온몸의 털이 곤두서면서, 너의 감정은 순식간에 절정까지 올라가 버리고, 두 다리와 두 손은 부들부들 떨리고, 죽음은 귓전을 날아다니고, 죽음은 뒤통수를 스쳐가고, 섬광은 눈을 멀게 하고, 폭음은 귀를 먹게 하고, 눈을 깜빡이지도 못하게 만드는 맹렬한 흥분 속에서 적들을 찾으며, 증오(憎惡)를 미친 듯이 뿜어댄다.

감정의 고조? 웃기는 소리다.

기습의 시작과 동시에 감정은 작렬(炸裂)하고, 태고(太古)로부터 솟구쳐 나오는 체액(體液)에 불을 질러, 너를 아예, 태워 버리는 것이다.

너는 이 모든 것이, 너의 그 잘난 변주곡 따위와 비교가 된다고 생각하느냐?

판돈이 크지 않으면 흥미가 사라진다. 의지가 적절한 대상을 찾지 못하면 권태가 일어난다. 그리고는 조금씩 조금씩 생명을 바닥에 흘리면서 쌓아온 불만을, 고작해야 열네 살짜리운 나쁜 계집아이에게 터뜨리게 되는 것이다.

판돈을 계산해 보아라. 악기에 대한 악사들의 불만과 희망사항을 수집해서 잘 정리하면, 좀 더 나은 악기를 만들어 내는 데 도움이 되느냐? 그렇게 해서 만들어진 악기들을 적절한 악사들에게 파는 것이 좀 더 나은 연주를 가능케 하느냐? 보급부대의 수송은 생사(生死)의 갈림길을 따라 이어진다. 그리고 보급부대의 수송은, 너뿐만이 아니라, 다른 병사들의 생사까지도 결정한다......

아무리 생각해 봐도, 전쟁이 가까이에 있는데도 불구하고 악기상인이 되겠다는 너의 그 잘난 계획은, 스물다섯의 나이부터, 오직 죽는 날을 기다리며 살아가겠다는 계획에 다름 아니다.

그러니 잉개여! 다시 잘 생각해 보아라.

잉개악뺑의 오른 손을, 다시 한 번 잘 살펴보아라. 잉개악뺑의 진짜 두려움이 무엇인지, 다시 잘 생각해 보아라. 앞으로 걸어 갈 길을, 잘 생각해 보아야 한다.

그러지 않으면, 오늘 밤의 독소(毒素)들이, 내일 아침의 화학적 절망으로 바뀔 것이다.

마지막 인사

기쁜 소식을 전할 수 없다는 것을 유감으로 생각한다.

위(胃)는 회복이 불가능할 정도로 망가져 버렸다고 한다. 이제부터는 현상유지조차 쉽지 않을 것이라고 하더라.

그래도 나는 괜찮다. 이제는 포기했다.

비록 애쓴 보람은 없었지만, 그래도 최선을 다했다는 일말의 만족감은 있다.

최선을 다했는데도 안 됐다면, 더 이상은 어쩔 수가 없겠지......

그리고, 오루혼으로 돌아가는 것도 포기했다.

여기까지 오는 데에, 65일이 걸렸다. 그 사이에 핏덩어리를 토해 낸 것만 네 번이다. 되돌아간다면 얼마나 걸릴까?

아마도 70일은 훌쩍 넘어 버릴 텐데, 이제는 그 만한 기력이 없다.

며칠간 곰곰이 생각해 봤지만, 아무리 생각해 봐도, 이런 몸뚱어리를 끌고 그 정도 여행을 한다는 것은 불가능하다.

게다가 지금부터 해서 70일 넘게 살아 있을 것이라는 자신도 없다......

내 물건들은, 알아서 처분해 주기를 바란다. 음반들은 전부 네가 가지면 되고, 나머지는 아무래도 상관없다. 악기는 팔면 될 테고, 옷가지는 그냥 버리면 될 테고, 나머지는 뭐가 있었는지 이제 기억도 잘 안 난다.

그리고, 너는 내가 가장 신뢰하는 친구이기도 하니까, 나를 대신해서 다른 친구들에게 마지막 인사를 전해 주기 바란다.

쓰기 전에는 할 얘기가 굉장히 많았었던 것 같은데, 막상 쓰기 시작하니, 생각이 나지를 않는다......

들던 대로, 여기는 물맛이 참 좋다. 사실, 좋다기보다는 굉장히 특이하다고 해야 할 것 같다. 삼키고 나서도 여운이 한참 간다. 그리고 몸속에서 퍼져가는 느낌도 드는 것 같다.

어쨌든, 물을 마시는 데에는 별 지장이 없으니, 지금으로서는 그것만으로도 족하다.

여기, 유난히 커다란 안경을 쓴 치료사가, 신체 내부 장기들이 어떤 식으로 상호작용하고 있는지를, 태양과 주변 행성들의 비유를 써서 설명하는데, 처음에는 터무니없는 비유라고 실소했지만, 계속 듣다보니까 희한하게도 기억에 잘 남더라.

우주 어디인가에서 나타난 침략자들이 행성 하나를 파괴하니까, 행성들끼리의 인력 관계가 틀어지고, 조금씩 조금씩 궤도를 이탈하더니, 결국에는 태양계 전체가 붕괴해 버렸다는 식의 얘기였는데……

이제 정말 끝장인 것 같다.

거울을 봐도 내가 나 자신을 못 알아볼 정도다. 뼈밖에는, 남아 있는 것이 거의 없다. 네가 이 몰골을 못 본다는 것이 천만다행이다.

행성 하나가 파괴되어 그 영향으로 태양계 전체가 붕괴하게 되는 그 과정이 문득문득 떠오른다……

여기까지 오는 길에는, 옛날 생각이 그렇게도 많이 나더라. 옛날 생각을 자꾸 한다는 것 자체가, 뭔가를 다 포기해 버리는 것 같아서, 애써 생각 안 하려고 했는데도......

웃기는 것 하나는, 이제까지 제일 많이 본 모습이라는 게 아마도, 네가 문을 열고 나가는 모습하고, 다시 문을 열고 들어오는 모습 같다는 거다.

나가고 들어오는 소리 때문에 저절로 쳐다보게 되니까 그렇게 되는 것 아닐까?

당시에는 별로 의식하지 않아서 알지 못했지만, 무의식에 있었던 것까지 나중에 전부 돌이켜 계산해 보면, 정말로 그것이 제일 많이 본 모습 아닐까?

여기 온 다음부터는...... 다 포기하고 난 다음부터는, 매일 매일, 비가 왔으면 하고 생각한다.

여기는 우기에도 비가 거의 오지 않는다더라. 그것이 물맛의 비결이라고 하던데...... 그렇지만 앞으로 살아 있는 동안, 제발 한 번만이라도 비가 왔으면 좋겠다.

오래 전 일이라, 아마도 6년 전 일이라, 기억할지는 모르지만, 그때는 우기도 아니었는데 늦은 오후부터 갑자기 비가 엄청나게 내리기 시작했었다. 아무도 예측하지 못했었기 때문에, 나는 완전히 젖어서 집으로 돌아왔고, 거의 바로 후에, 너도 마찬가지로 젖어서 돌아왔었다.

우리가 열아홉 살 때 일이라 기억할지는 모르지만, 완전히 젖어 빗물이 뚝뚝 떨어지는 옷 때문에 너무 추워서, 우리 둘 다 말도 없이, 서둘러 옷을 벗어 버리고 이불 속으로 뛰어 들어갔었지.

그리고는, 빨리 마른 옷으로 갈아입는다는 사실도 잊어버리고, 침대 위에서 이불을 뒤집어쓴 채로, 창밖에 비가 내리는 모습을 언제까지고 바라보고 있었다.

오루혼 시내 쪽도 오루혼 항구 쪽도, 그날따라 비에 젖은 모습이 어찌나 아름답던지, 너도 나도 말 한마디 하지 않고, 언제까지고 언제까지고 그 모습을 바라보고 있었다.

요즘 들어 생각해 보니, 아마도 그때가, 이제까지 살면서 제일 행복했던 순간이었던 것 같다.

비만 다시 내려 준다면, 다시 그때로 되돌아갈 수 있을 것만 같은데......

모든 것을 여기에 돌이켜봐야 아무 소용도 없을 테고, 시간이 한 없이 남아 있는 것도 아니니, 이제 마지막 인사를 해야겠다.

잘 있어라!

우리 모두가, 싫어도 언젠가는 마지막 인사를 해야 할 때가 오리라는 것쯤은 알고 있을 테니, 그냥 받아들이면 된다.

여기 주소는 쓰지 않는다만, 이것을 받아보거든, 나에게도 마지막 인사를 한 마디 해 다오...... 그리고 만약 가능하다면, 다음 세상에서도, 꼭 다시 만나자.

안녕!

끝

압재무가 삼가태는 살해당했지만, 그럼에도 불구하고 감찰청에서는 제대로 된 수사를 하지 않았다. 시작도 하기 전부터, 제대로 된 수사는 불가능하다고 판단했기 때문이었다.

삼가태는 오루혼 항(港)의 창고업자 중 하나였고, 오루혼의 창고업자는 사실 상 전원이 장물아비라는 사실을, 감찰청에서도 당연히 알고 있었다.

장물의 취득과 처분 과정은, 합법적인 창고업과 운송업에 얽혀 있을 뿐더러, 누군가가 장물아비라면, 그는 추적을 피하기 위해, 그 과정을 고의로 더 복잡하게 만드는 법이다. 도대체 어느 과정에서 누가 어떤 식으로 개입했으며 그 사이에 어떤 문제가 생겼는지를 외부인이 파악하는 것은 실질적으로 불가능할 뿐더러, 장물아비라면, 추적을 피하기 위해, 그 과정을 고의로 더 혼란스럽게 만드는 법이다.

더욱이, 목격자라고는 삼가태의 부하들밖에 없었는데, 그들은 자신들이 목격한 것이 거의 아무것도 없다고 입을 모아 말하는 것이었다. 창고 건물들 사이에서 총알이 날아왔고, 그 총알이 삼가태의 머리를 관통했고, 그래서 그가 죽었다는 말만 되풀이하였다.

감찰청의 수사관들은, 용의자를 가려낼 수가 없었다. 더군다나 유일한 목격자들인 삼가태의 부하들이 제대로 된 답변을 할 리가 없었다. 그들 자신들이 유력한 용의자들이었을 뿐만 아니라, 주변 상황을 증언한다는 것은 자신들의 평소의 범죄 행위들까지 자백하게 되어 버릴 수가 있기 때문이었다. 수사관들은 몇 가지 형식적인 질문들만 하고는 돌아가 버렸다.

그렇기는 하지만, 사실 상, 피해자가 살해당해 목숨을 잃었다는 사실에 대해 유감으로 생각하는 수사관도 없었을 것이다. 피해자는 장물아비 두목이었다. 그러니 수사관들은, 삼가태가 살아 있었던 동안 정확히 몇 명의 사람을 죽였는지는 알지 못했음에도 불구하고, 그가 살해당했다 한들 그것은 얼마든지 그럴 수 있는 일이라고 생각했을 것이다. 과거에 삼가태의 두목이었던 '녹로'도 살해당했고, 삼가태 또한 당시에 유력한 용의자였지만, 범인은 끝내 밝혀지지 않았다.

▼

얼마 지나지 않아, '이강초 우와진', '이강초 오우' 두 형제가 압재무가 삼가태의 뒤를 이었지만, 삼가태 살해 사건과 마찬가지로, 별 화제가 되지는 않았다.

삼가태의 죽음은 별 의미 없는 사건이었고, 일상의 일부였고, 그의 죽음을 슬퍼하는 자도 없었다. 부하들도 그의 죽음을 애도하거나 하지 않았다.

다만, 삼가태의 부하들은 모두 그를 '스승'이라고 불렀는데, 스승의 '말씀'만은 화제가 되었다...... 스승은 갔지만, 말씀은 남았다.

부하들이 삼가태를 '스승'이라 불렀던 이유는, 삼가태가 그들을 구원의 길로 인도했기 때문이라는 것이었다...... 그럼에도 불구하고, 막상 삼가태 자신은, 부하들의 그런 의견에 별로 개의치 않는 듯했다.

"사람들은 내가 구원에 이르는 길을 가르친다고 한다. 그러나, 예나 지금이나 내가 가르치는 것은, 오직 훌륭한 일꾼이 되는 방법뿐이다. 부하들이 나를 스승이라 부르든 말든, 그들이 구원을 받든 말든, 내가 써먹을 수 있는 훌륭한 일꾼이 되어 주기만 한다면, 그것은 만족스러운 것이다."

▼

훌륭한 일꾼이란, 이를테면 태양(太陽)과 같은 것이다. 이를테면, 잘 조정된 기계(機械)와 같은 것이다. 흐르는 물과 같은 것이다. 훌륭한 일꾼이란, 하나의 돌멩이와 같은 것이다.

그들은 자기 자신을 잃은 채 방황하지 않는다. 당황해서 혼란에 빠지는 일도 없고, 스스로의 존재와 존재 방식을 의심하지도 않는다. 그들은 고로, 밑도 끝도 없는 번뇌에 괴로워하는 일이 없다.

그들은 불안에 오그라들어 긴장하거나 안달하지 않는다.

그들은 쓸데없는 희망에 들뜨거나, 쓸데없는 절망에 가라앉지 않는다.

그들은 기쁨에 빠지는 일도 없고, 슬픔에 빠지는 일도 없다.

그들은 비관도 낙관도 하지 않고, 주변을 최대한 이용하면서도 기대는 하지 않는다.

그들은 노쇠(老衰)에 실망하지도 않고, 다가오는 죽음에 몸서리치며 두려워하지도 않는다. 죽음을 왜곡시키지 않고, 죽음을 있는 그대로 받아들이며, 죽음에 저항할 생각을 은밀

하게 품거나 하지도 않는다.

그들은 죽음에 관심을 갖지 않고, 더 이상의 삶을 바라지도 않는다.

그들은 영원한 평화와 지고한 만족감 속에 고요하다......

태양과 기계와 물과 돌은 언제나 그러하고, 훌륭한 일꾼은 대략 그러하다.

내가 나의 부하들이 도달하기를 바랐던 그런 모든 상태를, 나는 그저 '세상의 끝'이라고 불렀지만, 이상하게도, 어떤 자들은 그것을 '구원'이라 불렀다.

"어떻게 하면 삶의 모든 번뇌를 없앨 수 있을까요?"

"이 세상의 끝으로 가라."

"이 세상의 끝은 어디에 있나요?"

"인과관계(因果關係)에 대한 믿음을 끝까지 밀고 간 곳에 이 세상의 끝이 있다."

"이 세상의 끝에는 무엇이 있나요?"

"아무것도 없다...... 아무것도 없으니까 이 세상의 끝이라고 하는 것이고, 아무것도 없으니까 당연히 번뇌 따위도 없다."

"인과의 믿음을 따라 그곳에 도달하면, 구원받을 수 있는 건가요?"

"......아무것도 없는 곳에, 구원인들 있을까!"

▼

나의 부하들이 떠들어대는, 그 구원이란 것, 나는 솔직히 말해 그것이 왜 필요한 지 잘 모르겠다......

구원을 받음으로써 죽음을 피할 수만 있다면, 나라도 열심히 구원에 매달리겠다. 건강관리를 잘 해서 영원히 살 수만 있다면, 나라도 미친 듯이 건강관리를 하겠다.

'구원' 그런 것보다도, 차라리 '일을 잘 한다'는 것이 더 그럴 듯하게 들리지 않는가?

물론, 일만 잘 한다면야, 그 다음은 구원을 받든 말든 뭘 하든 아무래도 상관없겠지만 말이다.

▼

아무리 물을 원한다 할지라도, 엉뚱한 곳을 파면 물을 얻을 수 없다. 그러나, 물을 원하지 않더라도 물이 있는 지점을 정확히 파면 물을 얻을 수 있다.

'세상의 끝'에 도달하는 길도 이와 같다. 간절히 원한다고 도달할 수 있는 것도 아니고, 전혀 원하지 않는다고 도달하지 못하는 것도 아니다.

필요한 것은 올바른 길뿐이다.

"인과율(因果律)에 대한 믿음, 즉 원인 없는 결과는 존재하지 않는다는 믿음을 끝까지 밀고 간 곳에, 이 세상의 끝이 있다."

▼

눈앞에 존재하는 모든 현상들은 '원인(原因)과 결과(結果)'라는 사슬로 묶여 있다. 어떤 것은 다른 어떤 것의 결과이고, 그 결과가 그것으로 끝나는 것이 아니라, 다시 또 다른 어떤 것의 원인이 된다. 그런 식으로, 모든 것들은 앞선 모든 것들의 결과이고, 다시 새로운 모든 것들의 원인이 되기 때문에, 변하지 않고 독립적으로 존재하는 것은 없다.

이 세상의 모든 현상은 끊임없이 서로 원인과 결과로서 영향을 받고 있으므로, 혼자서만 독립적으로 떨어져 나와 자율적(自律的)으로 존재하는 것은 없다. 이러한 인과관계를 더 확장해 나아가면, 사실 상, '나'라는 것도 주변과 따로 떨어져 존재하는 것이 아니라는 사실을 알 수 있다.

주변과 아무런 연관도 없이 독립되어 있는 '나'라는 것이, 실제로 존재할 수 있는가? '나'는 다른 뭔가의 결과가 아니라는 말인가? '나'는 다른 수많은 사건들의 결과가 아니라는 말인가? 그냥 언제부터인가 갑자기 따로 생겨나 존재하기 시작했는가? 더 나아가, '나'는 다른 뭔가의 원인이 되는 일이 결코 없다는 말인가? '나'만은 주변 어떤 것에도 절대로 아무런 영향을 끼치지 않고 따로 떨어져 존재하고 있다는 말인가?

'나'와 '다른 모든 것'이 나뉘어 있다는 느낌이 착각에 불과한 것이었다는 사실을 깨닫는 순간, 세상의 끝에 서 있게 된다……

그곳에는 자신만의 고유한 성질을 갖는 고정된 실체라는 것은 아무것도 없다. 신발 한 켤레가 처음부터 신발 한 켤레이었을까? 잘만 만들어졌다면, 언제까지고 신발 한 켤레로 남아 있을까? 온갖 보석들이 처음부터 보석이었고, 영원히 보석의 상태일까? 하물며 원자조차도 붕괴하여 힘으로 변환되어 버리는 법이거늘, 너 자신은 어떠한가? 너 자신만은 이제까지 영원했었던가? 아니면, 최소한 앞으로는 영원할 것인가? 그곳에는 '나'라고 칭할 만한 고유한 실체도 없고, '너'라고 칭할 만한 것도 없다. 그런 모든 것들은, 변치 않는 자성(自性)을 지닌 그 무엇도 아닌 것이다.

그러므로 세상의 끝, 그곳에는, 원인과 결과의 사슬로 이어져 끊임없이 영향을 주고받으며 변하고 있는, 전체로서의 하나가 있을 뿐이다. 그러므로, 이 돌멩이가 바로 너 자신이다. 저 구름도 바로 너 자신이다. 모든 것이 바로 너 자신이고, 너는 모든 것이다. 전체로서의 하나인 것이다.

그런 와중에, '나'라고 칭할 만한 것도 없는 마당에, 삶이 다 뭐란 말인가? 죽음이 다 뭐란 말인가? 고뇌와 번뇌 따위가 다 뭐라는 말인가? 오직 원인과 결과의 연쇄뿐이지 않은가?

실체(實體)라는 것은 존재하지 않고, 세상의 본질은 공허(空虛)인 것이다.

▼

저격용 탄환이 삼가태에게 날아들었을 때, 그의 부하들은 말했다.

스스로를 '압재무가 삼가태'라고 생각했던 자는 이미 존재하지도 않았다고.

죽음이 삼가태에게 날아들었을 때, 그의 부하들은 말했다.

스스로를 '압재무가 삼가태'라고 생각했던 그런 존재는, 이미 거기에 존재하고 있지도 않았다고.

저격용 탄환이 죽음의 모습으로 삼가태에게 날아들었을 때, 삼가태의 부하들은 말했다.

스승이 가 버린 '세상의 끝'에는 아무것도 없고, 아무것도 없기 때문에 그곳을 '세상의 끝'이라 칭한다고.

세상의 끝에는 아무것도 없기 때문에, 그곳에는 '나'도 없고 '너'도 없고, 삼가태도 없고, 삼가태를 죽인 자도 없다고.

▼

자기 자신만은 다른 모든 것들로부터 분리되어 독립된 특별한 존재인 것 같은, 자기 자신만은 원인과 결과의 연쇄에서 벗어나 있는 것만 같은, 그런 터무니없는 환상(幻想)에서 일단 벗어난다면, 그렇다면, 그 다음에는 뭐가 남는가?

일상(日常)만이 남는다. 늘 하고 있던 '일'밖에는 남는 것이 없다.

빛나고 있는 태양처럼, 작동하고 있는 기계처럼, 흐르고 있는 물처럼.

▼

그런데, 훌륭한 일꾼이 되는 과정이 그리도 쉬울 따름인가? 나의 부하들의 말을 빌리자면, 구원의 과정이 그리도 쉬울 따름인가?

우리는 세상의 끝에 도달할 수는 있을지언정, 그곳에 계속해서 머물러 있지는 못한다. 이내 그곳으로부터 질질 끌려나

오게 된다.

슬금슬금 또 다시, 자기 자신만은 그 무엇의 결과도 아니고 그 무엇의 원인도 아니라는 환상에 빠지기 시작하고, 자기 자신만은 주변 세상의 영향을 받지 않는 자율적이고 특별한 존재라는 착각에 빠지기 시작하고, 또 다시 희망하기 시작하고, 또 다시 괴로움에 시달리기 시작한다. 또 다시 구원에서 멀어지기 시작하는 것이다......

세상의 끝에서 끌려나오지 않기 위해, 혹은 일단 끌려나오더라도 다시 되돌아가기 위해 우리에게 필요한 것도, 역시 올바른 길이다.

세상의 끝에서 끌려나오는 길은, 그곳에 도달했던 길의 역순(逆順)에 불과하기 때문에, 그것만 올바로 알고 있으면, 우리는 끌려나오는 중간에라도 얼마든지 되돌아갈 수 있는 것이다.

세상의 끝까지 왔다갔다하는 데에 필요한 것은, 여전히, 올바른 길뿐이다.

▼

우리 모두는 일단, 세상의 끝에서 태어난다. 고뇌와 번민에 시달리는 갓난아이를 본 적이 있는가!

그리고는, 대략 서너 살 때까지는 충실한 충만함으로 가득

찬 낙원(樂園)에서 자란다.

서너 살 때는, 희망 따위를 갖고 있지도 않을 뿐더러 그런 것들을 필요로 하지도 않기 때문에, 번뇌에 시달리는 서너 살짜리 아이들도 찾아보기 힘든 것이다.

이 시기까지의 아이들은 주변 세상과 분리되어 있지도 않고, 자신이 이 세상과 분리되어 있다는, 그런 느낌도 갖지 않는다.

그러나, 이제부터 서서히 '의식(意識)'이라는 것이 성장해 간다.

이전까지는, '세상과 나'라는 구분도 없었고, '너와 나'의 구분도 없었지만, 의식의 성장과 함께, 주관(主觀)과 객관(客觀)의 구분이 뚜렷해지기 시작하고 확장되어간다.

주관과 객관의 인식구조는, 신체의 갖가지 감각들에 의해 알게 모르게 점점 더 강화되어 간다. 주관이 객관을 종속시키려는 시도는, 이를테면 소유욕의 발생을 가져오고, 이것은 점점 성장하는 시각, 청각, 촉각 등의 감각들의 도움으로, 강화되어 간다.

식욕이나 수면욕 등의 무의식적 욕구밖에는 없었던 것이, 이제는 의식의 성장과 함께, 물욕이나 소유욕 등의 의식적인 욕구들까지 생겨나게 되는 것이다.

이런 과정을 몇 번이고 되풀이해서 경험하게 되면, 이제는 '이익(利益)'과 '손해(損害)' 등의 관념들까지 형성하게 된다.

쉽게 말해, 뜨거운 감각을 몇 번 경험해 보더니, 이제는 '뜨겁다'는 말의 뜻을 이해하게 되고 그것을 조심하게 된다는 것과 같은 과정이다.

의식이 이익이나 손해 등의 관념을 형성하는 데에까지 발전하게 되면, 이제는, 욕심을 이성적으로 계획적으로 충족시키려는 시도까지도 하기 시작한다.

아직까지는 그래도 '의식'이란 것이 비교적 조용한 성장을 하지만, 사춘기(思春期)에 이르러 체내에서 체액(體液)이 조절도 없이 마구 분비되기 시작하면, 이제 소용돌이가 일어난다. '자의식(自意識)'이 발생하는 것이다.

이제는, 신체뿐만이 아니라 의식 또한 '성욕'의 이름으로 번식경쟁에 참여해, 최대한의 자기 번식을 의도하기 시작한다.

주관과 객관의 분리는 극대화되어, 모든 기준은 '나'라고 단언한다. '나'는 이 세상의 중심이고, 이 세상의 주인공이다. 그러므로, 나 이외의 다른 모든 존재들은, 나의 도구가 아니면 장해물일 뿐이다. 중간은 없다. 다른 사람들을 포함한 다른 모든 것들은, 나에게 필요한 도구이거나, 아니면, 나에게 방해가 되는 장해물일 뿐이다. 모든 기준은 '나'다. 왜냐하면 바로 '내가' 번식해야 하기 때문이다.

더군다나, 서너 살 무렵부터 의식의 성장과 함께 축적되어 온 '기억'이라는 것이, 이러한 과정에 연료를 퍼붓는다.

아무리 남들과 다를 것이 하나도 없고, 별다른 특징도 없고, 수준도 뻔하고, 겉으로 말하는 꿈도 희망도 뻔하고, 속으로 원하고 바라는 것들도 뻔하다 할지라도, 아무리 그렇다 할지라도, 세부적인 경험과 기억만큼은 남들과 같을 확률이 전혀 없다.

이를테면, 이 책상을 쓰고 있던 사람은 오직 나뿐이다. 바로 이 책상에 앉아서 그 날 그 시간에 그 곳을 바라보았던 사람은, 이 세상에 오직 나뿐이다. 그리고는, 조금 후 그 친구한테 전화를 걸었던 사람도 당연히 나 하나뿐이었다. 전화를 끊고 그 특정한 대화에 관해 그런 특정한 생각을 했던 사람도 당연히 이 세상에 오직 나 하나뿐이다...... 그런 독특한 모든 기억들이 남의 기억들과 같을 확률은 전혀 없고, 남이 그 모든 것을 완전히 똑같이 경험했을 가능성은 전혀 없고, 그래서 나는 남들과는 전혀 다른 특별한 존재이다.

결국, 자의식과 수많은 특수한 기억들이 합쳐지면, 돌이킬 수 없는 결과를 내 놓게 된다.

나는 이 세상의 '특별한 주인공'이다. 이 세상은 '특별한 나'를 위한 것이다. 나는 특별하기 때문에, 모든 이익은 바로 특별한 나에게로 돌아와야 한다......

이렇게 해서, 낙원에서 완전히 쫓겨나게 되고, 고뇌와 번뇌를 받아들일 준비가 완료되는 것이다.

그 다음부터는, 고통과 고민과 고뇌와 번뇌와 번민과 불안과 실망과 절망과 실의와 우울과...... 하여간 나쁜 것들이 다 발생하게 되는데, 어느 날 '죽음'이라는 관념이 의식 속에 형성되면, 상황은 절정에 다다르게 된다.

이 세상의 주인공인 이렇게 특별한 내가, 결국 죽어서 사라져 버려야 하다니!

▼

세상의 끝에서 질질 끌려나오는 과정은, 다른 말로, '자연스러운 성장과정'이라고 하기도 한다.

그러나, 옆에서 보기에 민망할 정도의 자의식과 이상하게도 고통이라는 결과로만 끝나는 환상들이 그 아무리 자연스러운 것이라 할지라도, 무해한 오류라는 것은 없는 법이다. 전염병도 당당하게 자연스러운 것이지만, 아주 해롭다.

무엇보다도, 어리석은 미망(迷妄) 때문에 고뇌하는 일꾼을, 훌륭한 일꾼이라고 할 수 있겠는가! 미망과 고뇌는 대개는 일에 지장을 초래하기 마련이고, 훌륭한 일꾼이 될 수도 있는 사람을 한심한 일꾼으로 전락시킨다. 즉, 금전적 손해이다.

세상의 끝까지 왔다갔다할 수 있는 올바른 길, 구원의 길이라는 것은 전혀 자연스러운 길이 아니다. 미망을 걷어 내기 위해 상당히 의도적으로 조작된 길인 것이다.

그러나, 구원으로 가는 길에 가장 해로운 것은, 그러한 자연스러운 미망도 아니고, 이상하게도 괴로운 결과만 내 놓는 환상도 아니다.

가장 해로운 것은, 믿음의 부족이다.

인과율 자체에 대한 의심이다.

▼

흔들리지 않는 강한 믿음을 가지고, 믿을 수만 있다면, 훌륭한 일꾼이 되는 것은 몰라도, 나의 부하들이 말하는 구원은 간단하다.

이 세상을 창조했다고 주장하는 수많은 신들 중 하나를 선택해서, 자신을 맡겨 버리면 된다. 그러면, 그 신이 해결해 줄 것이다. 필요한 것은 다만, 그 신이 설령 나를 내다버릴지라도, 그래도 나는 그 신을 따를 것이라는 정도의 강력한 믿음이다.

이러한, 근거도 증거도 필요로 하지 않는 강력한 믿음은, 어린아이들이나 어린아이의 정신을 갖고 있는 어른들에게는 구원을 줄 가능성이 있다. '무조건' 믿을 수만 있다면, 구원받을 수도 있는 것이다.

그러나, 대부분의 어른들은 의심을 갖게 마련이고, 증거를 보여 달라고 하기 마련이다. 그리고 그럼으로써, 구원의 과정을 복잡하게 만들어 버리고, 구원의 확률을 확 줄여 버린다.

"차라리 신이 정말로 있었으면 좋겠다. 그러면 내가 아주 충성스러운 종(從)이 될 텐데......"

신들에 관한 이야기들이 믿기지 않아서 믿지 못하겠다고 하니 문제가 되는 것인데, 심지어는 '원인 없는 결과는 없다'는 인과율마저도 의심하는, 그 정도로, 믿음이 부족한 자들도 있다.

다만, 이 경우에 다행스러운 점은, 이 세상을 창조했다고 주장하는 수많은 신들의 경우와는 달리, 의심을 제거하기가 매우 쉽다는 것이다.

그리고 그 의심을 제거하기만 한다면, 구원의 확률은 다시 확 올라갈 뿐만 아니라, 더불어, 훌륭한 일꾼이 될 가능성도 더 커진다.

▼

인과율에 대한 의심을 제거하는 과정은, 사실 상 오류를 바로잡는 과정일 뿐이기 때문에, 비교적 간단한 작업이지만,

그래도 난점(難點)이 전혀 없는 것은 아니다.

난점은, 이 세상을 창조했다고 주장하는 수많은 신들의 경우와는 정반대로, 어린아이들이나 어린아이의 정신을 갖고 있는 어른들에게는 구원을 줄 가능성이 없다는 점이다.

원인 없는 결과도 존재한다고 믿는 것은, 이야기 속의 주인공이 존재한다고 믿는 것과 같다.

이야기 속의 주인공은 당연히 존재한다. 다만, 그 주인공이라는 '관념'이 인간의 의식 속에 존재하는 것이지, 그 관념에 해당하는 것이 현실 속에 '실재(實在)'하는 것은 아니다.

신(神)이라는 관념이 존재한다는 것은, 경험 상, 누구든지 얼마든지 동의할 수 있을 것이다. 그러나 그 관념에 정확히 해당되는 그 무엇이 현실 속에 실재한다고 주장한다면, 대개의 어른들은 아마도 깜짝 놀라서 다른 곳으로 시선을 돌릴 것이다.

'벌레'라는 관념은, 그 관념에 해당하는 것들이 현실 속에 얼마든지 실재하고 있고, 정신이 아찔해질 때까지 계속해서 그 증거를 들이댈 수도 있다. 그러나, '원인'과 '없다'와 '결과'라는 세 개의 관념을 문법에 맞추어 재미로 엮어 놓은 '원인 없는 결과'라는 관념은, 그렇지 않다.

관념으로만 존재한다는 것과 현실에 실재한다는 것의 차이조차 구분하지 못하는 그런 사람들을 깨우치려면, 인간의 노력과 인내심 정도로는 어림도 없다. 같은 언어를 사용한다고 해서 서로 의사소통이 가능하다고 생각하는가? 의사소통이 가능하다고 해서 서로 이해할 수 있다고 생각하는가? 어림도 없는 소리다. 그런 사람들을 깨우치려면, 최소한 신(神)의 은총(恩寵) 정도는 있어야 한다......

빨간 색은 왜 빨간가? 돌은 왜 돌인가? 물은 왜 다른 것이 아니라 물인가? 하는 질문들은, 다시 말해, 왜 인간의 눈에 빨간 색으로 보이도록 작용하는 물질로 생겨났는가? 왜 돌로 인식되는 물질로 생겨났는가? 왜 물의 성질을 갖고 있는 물질로 생겨났는가? 등의 질문들로 환원될 수 있고, 이런 종류의 질문들은 모두, 이 세상이 생겨난 원인은 무엇인가? 하는 단 하나의 질문에 수렴된다.

그렇기는 한데, 인과율에는 원래 시간과 공간이 전제되어 있는 것이다. 쉽게 말해, 인과율은 시간과 공간 즉 이 세상 안에서 벌어지는 모든 현상들에 관한 규칙이기 때문에, 세상이 존재하지 않기 때문에 시간과 공간도 존재하지 않고, 그러므로 당연히 아무런 현상도 존재하지 않는 상황을 묻는다는 것은, 범주를 혼동하고 있는 오류이다.

애당초 인과율은 '존재'에 관한 규칙이 아니라, 존재의 '현상'에 관한 규칙, 즉 이미 존재하고 있는 것들의 작용에 관한 규칙이기 때문에, 오히려 존재에 관해 거꾸로 질문을 하면, 범주를 혼동하고 있다는 그 오류가 더 분명하게 드러난다.

없는 것은 왜 없는가?

애당초 존재하지도 않는 것들은, 왜 존재하지 않는가?

이런 것들은 '왜'를 적용시킬 수 있는 문제가 아닌 것이다.

이런 것들은 인과율과 어떤 관계가 있는 문제가 아니라, '있다'나 '없다'라는 관념과 '왜'라는 관념을 문법에 맞게 엮어 놓은 문장들일 뿐이다.

이를테면, '이 소리는 무슨 색깔인가?' '저 색깔은 무슨 소리인가?' 하는 질문들이, 비록 문법적으로는 가능하다 해도, 범주를 혼동하고 있기 때문에, 올바른 질문들이 아닌 것처럼, '이 세상은 왜 존재하는가?' '그 세상은 왜 존재하지 않는가?' 하는 질문들이, 비록 누구나가 자연스럽게 발상할 수 있다 해도, 범주를 혼동하고 있기 때문에, 오류인 것이다.

인과율은, 이미 존재하고 있는 바로 이 세상 안에서 벌어지고 있는 모든 현상들에 관한 규칙이고, 그 안의 현상들 사이에서 '원인 없는 결과는 없다'는 규칙일 뿐, 그 밖의 문제들과는 아무런 관계도 없는 것이다.

인과율에 관한 오류라고 하면 대략 이러한 것들이 있기는 하지만, 오류의 제거는 의심을 제거해 줄 수는 있을지 몰라도, 믿음을 강화시켜 주지는 않는다.

이 세상을 창조했다고 주장하는 수많은 신들 중에 단 한 명만이라도, 단 하루만이라도, 그 모습을 드러내어, 이곳저곳의 여러 사람들하고 사진도 찍어가며, 이것저것 이야기를 나누었다고 가정해 보라.

믿음은 강화되다 못해 아예 폭발할 것이고, 이 세상의 모든 인간들이 그 날 바로 구원을 얻게 될 것이다.

그러므로 인과율의 경우도, 믿음을 강화시켜 주는 것은, 쩨쩨한 오류 교정 따위가 아니라, 강력하고도 지속적인 무수한 증거들이다.

▼

흰색 종이 위에 검은 색 동그라미가 하나 그려져 있을 때, 우리가 그것을 보면, 우리는 거기에 동그라미 하나가 그려져 있다는 사실을 알 수 있다.

그런데, 어떻게 알 수 있는가?

흰색과 검은 색을 각각 반사하는 물질들이 빛을 반사하여 우리의 시신경(視神經)을 자극하면, 오성(悟性)이 그 정보를 처리하고, 뇌(腦)가 그 모양을 지각하게 된다.

시신경을 자극하는 것이 바로 '원인'이고, 뇌가 지각하는 모양이 바로 '결과'이다.

종이 위에 동그라미가 그려져 있다는 사실을, 우리는 바로, 원인과 결과의 법칙 즉 '인과율'을 통해 알 수 있는 것이다.

그렇다면, 지금 발밑에 바닥이 있다는 사실을, 우리는 알 수 있는가?

시각, 청각, 촉각을 매개로하는 모든 감각, 통각, 지각 작용은, 인과율에 따라서 이루어져진다.

우리는 그렇게 해서 갖고 있는 모든 지식을 얻은 것이고, 모든 추론을 하는 것이고, 또 그렇게 해서, 갖고 있는 모든 사실을 알게 된 것이다.

다시 한 번, 지금 자신의 발밑에 바닥이 있다는 사실을, 과연 정말로 알 수 있는가?

굳이 남에게 증거를 요구할 필요조차 없다. 각자 자기 자신이 증거이다.

우리 자신이 인과율의 가장 강력한 증거들을 매일매일 하루 종일 만들어 내고 있는 중인 것이다.

그러니, 한 번 이렇게 부정(否定)해 보라. 지금 발밑에는 바닥이 없다고, 바닥이 있다는 것은 사실이 아니라고......

그러니, 주변을 한 바퀴만 둘러보라.

바로 거기에, 이 세상의 끝이 있다.

▼

한편으로, 나는 인과율이 어떤 식으로든 멋지게 깨져 버리기를 바라기도 한다.

인과율이 깨졌다고 내가 믿을 수만 있다면, 그것이 어떠한 사기(詐欺)라도 상관없고, 어떠한 궤변이라도 상관없다.

나는, 말하자면, 인과율이 깨지는 것을 보고 싶다. 그리고 만약 그렇게만 된다면, 나는 이런 말을 하고 싶다.

"구원 따위는 없다. 그것은 원리적으로 불가능하다. 그러니, 일이나 하라. 그리고 언제나 청소를 깨끗이 하라!"

그러나 또, 이렇게 우기는 자가 나타날 것이다.

"구원이 불가능하다는 사실 자체가 구원이다. 누군가가 구원 자체를 완전히 포기해 버리고, 원하지도 않는다면, 그 상태가 바로 구원받은 상태인 것이다."

……나의 부하들이라면 기어이 그렇게 우길 것이다. 어느

쪽이든, 결국 손해 볼 것은 없으니 말이다.

▼

삼가태가 어릴 적, 집에 돌아와 보니, 부모가 나란히 누워 죽어 있었다.

모양새로 짐작컨대, 아버지가 먼저 어머니를 엽총(獵銃)으로 쏘고, 그 다음에 스스로를 쏜 것으로 보였다.

당시 너무 어렸던 삼가태는 사태를 수습할 방도를 몰라, 그저 형(兄)이 돌아오기만을 기다렸다.

의무학교를 마치고 나서 삼가태는 형이 일하던 항구의 창고에서 일을 하기 시작하였다.

그와 거의 동시에 형은 집을 나갔고, 얼마 지나지 않아, 산기슭 사냥꾼의 오두막에서 목을 맨 시체로 발견되었다.

삼가태는 삶을 구가(謳歌)해 보기도 전에, 죽음에게 쫓기는 신세가 되어 버렸다.

삼가태를 고용했던 창고업자 '녹로'는, 운전을 하던 도중 차가 도로에서 벗어나 자칫하면 대형사고로 이어질 뻔했던 상황 속에서도, 조수석에 앉아 있던 삼가태가 전혀 당황하지 않는 모습을 보고, 삼가태를 장물아비로 키울 마음을 먹었다고 한다.

녹로가 저격당해 죽고 난 후, 그의 일을 맡게 되었던 삼가태는, 그 때문에 또 다시 죽음에게 쫓기는 신세가 되어 버렸다.

"자살을 예방한다고 해서, 저격을 방지한다고 해서, 죽음을 피할 수 있는 것이 아니다. 구원을 받음으로써 죽음을 피할 수만 있다면, 나라도 열심히 구원에 매달리겠다. 건강관리를 잘 해서 죽음을 피할 수만 있다면, 나라도 미친 듯이 건강관리를 하겠다...... 주어진 것이라고는 늘 하고 있던 '일'뿐이고, 그러니 그나마 중요한 것은 훌륭한 일꾼이 되는 것이다. 빛나는 태양이나 흐르는 물처럼......"

▼

저격용 탄환이 삼가태에게 날아들었을 때, 그의 부하들은 말했다.

스스로를 '압재무가 삼가태'라고 생각했던 자는 이미 존재하지도 않았다고.

죽음이 삼가태에게 날아들었을 때, 그의 부하들은 말했다.

스스로를 '압재무가 삼가태'라고 생각했던 그런 존재는, 이미 거기에 존재하고 있지도 않았다고.

저격용 탄환이 죽음의 모습으로 삼가태에게 날아들었을 때, 삼가태의 부하들은 말했다.

스승이 가 버린 '세상의 끝'에는 아무것도 없고, 아무것도 없기 때문에 그곳을 '세상의 끝'이라 칭한다고.

세상의 끝에는 아무것도 없기 때문에, 그곳에는 '나'도 없고 '너'도 없고, 삼가태도 없고, 삼가태를 죽인 자도 없다고.

인 지
생 략

자멸의 나날

2010. 1. 25. 초판 인쇄
2010. 1. 31. 초판 발행
저 자 천 필 립
발행인 임 형 택
발행처 도서출판 다해
서울시 중구 인현동 2가 172-1
전화 02)2266-9247
등록 96. 8. 12 제1-2072

잘못된 책은 바꾸어 드립니다.
값 7,000원 ISBN 978-89-88527-54-2 03810